中国教育现场丛书

The Experience of Ren County

任县经验

——城乡教育一体化的探索

成　刚

《河北省任县基础教育

有效发展模式》课题组　著

北京师范大学出版集团
BEIJING NORMAL UNIVERSITY PUBLISHING GROUP
北京师范大学出版社

前言

自从改革开放以来，我国经济社会飞速发展，城市化进程不断加快，但城乡二元发展的差异问题不仅未得以解决且有逐渐拉大的趋势。百年大计，教育为本，教育是一个国家经济发展和社会稳定的基石。教育承担着维护教育公平和社会公平的职能，也是解决未来收入分配不公的重要途径。城乡教育一体化是城乡一体化的教育发展机制，它关系到国民素质的普遍提高和教育公平的稳步推进，为城乡一体化的发展提供人才资源和智力支持。推进教育尤其是基础教育的均衡发展，统筹城乡教育，实现城乡教育一体化，是教育发展的现实要求。通过政府统筹规划，从当地实际出发，通过均衡教育发展，以及综合配套改革措施来缩小区域城乡学校间的教育差异，发展城乡教育一体化，不仅有利于促进教育资源的城乡互动，营造全面优化的教育发展环境，也能在实践上缩小城乡差异，促进城乡共生，有利于解决逐渐扩大的城乡差距问题。

任县作为河北省邢台市典型的农业县，经济社会发展状况总体上较为落后，教育上也曾面临着我国农村教育普遍存在的诸如办学条件不达标、教师结构不合理、教学方式单一等种种问题。任县教育局深刻认识到改变任县教育过去“点多、面广、规模小、资源分散、优质教育资源匮乏，教育发展不均衡”的落后现状的紧迫性，以建设教育强县为总体目标，坚持实施“农村教育城市化”战略，促进城乡义务教育均衡发展和各类教育协调发展。任县坚持以教育公平、均衡发展为目标，以规范化、精细化、科学化管理为方法，坚持城乡统筹、标准统一的办学原则，在硬件和软件两个方面大幅度提升办学水平，让所有农村的孩子共享公平、优质、现代化教育的资源。

本书详细介绍了河北省任县的城乡教育一体化的探索之路。首先，布局上“一个中心”:大力统筹建设基教园区,将农村教育的主阵地由乡村逐步转移至办学条件相对优越的城镇地区,把县城所在城镇逐步变为县基础教育的主阵地,统筹规划调整学校布局,发挥资源的聚集和辐射效应,促进经济社会和谐发展;其次,财力上“一个重点”:整合专项资金,统筹规范使用,提高资金使用效益,加强薄弱环节的教育经费保障,争取政府支持,加大财政投入力度;再次,硬件上“一个标准”:统筹配置城乡办学条件,深入开展基础设施建设,全面改善薄弱学校的基本办学条件,推进农村中小学标准化建设和信息化建设,不让农村家庭孩子输在成长“起点”;同时,软件上“一体化”:管理城乡教师队伍,通过积极吸入机制和合理退出机制优化师资队伍结构,增强师资队伍的流动,利用多种培训活动提升校长和教师的专业素质,加强师资队伍建设;最后,内涵上提供“一个舞台”:以教学改革为突破口,坚持走内涵式特色化发展之路,通过规范化校园文化建设来强力打造精品学校,进行教学质量大比武来全面提高教育教学质量,利用丰富多样的家校互动方式和素质教育活动促进学校的内涵式发展。

目　录

一、任县教育发展背景和基本情况

（一）任县教育发展的城市化背景

1. 城市化背景下农村教育面临的挑战

诺贝尔经济学奖得主斯蒂格利茨曾说，21世纪将会有两件大事影响人类的进程：一是新技术革命，二是中国的城市化。中国的城市化之所以引起世界瞩目并对人类进程产生影响，关键在于其速度之迅猛和规模之宏大。从1949年到1978年，中国的城市化率从10.6%提升到17.9%，30年间城市化率增长7.3%，年增长率不足0.24%；从1978年到2008年，城市化率从17.9%提升到45.68%，提高了28个百分点，城镇总人口由17245万人增加到6.07亿人。2011年末，我国的城市化率首次超过50%。麦肯锡全球研究院的研究显示，到2025年，将有大约10亿中国人居住在城市，届时中国将会出现221座百万以上人口的大城市，其中包括23座500万人口以上的大城市，而目前欧洲只有35座类似规模的城市。[①]

2012年11月8日胡锦涛同志代表第十七届中央委员会向党的十八大做了题为《坚定不移沿着中国特色社会主义道路前进，为全面建成小康社会而奋斗》的报告，十八大报告把解决好“三农”问题列为全党工作的重中之重，同时指出推动城乡发展一体化是解决“三农”问题的根本途径。同时报告指出：“要大力促进教育公平，合理配置教育资源，重点

---

① 汗青．中国城市化运动观察（上）：黄金时代来临［EB/OL］．中国金融网，2010-08-07

向农村、边远、贫困、民族地区倾斜，支持特殊教育，提高家庭经济困难学生资助水平，积极推动农民工子女平等接受教育，让每个孩子都能成为有用之才。加强教师队伍建设，努力办好人民满意的教育。”2013年11月9日至12日十八届三中全会在北京召开，会议提出：“要大力促进教育公平，健全家庭经济困难学生资助体系，构建利用信息化手段扩大优质教育资源覆盖面的有效机制，逐步缩小区域、城乡、校际差距。统筹城乡义务教育资源均衡配置，实行公办学校标准化建设和校长教师交流轮岗，不设重点学校重点班，破解择校难题，标本兼治减轻学生课业负担。”《国家中长期教育改革和发展规划纲要（2010—2020年）》把“促进公平”作为未来10年的重要任务，强调“把促进公平作为国家基本教育政策”，“形成惠及全民的公平教育，建设覆盖城乡的基本公共教育服务体系，逐步实现基本公共教育服务均等化，缩小区域差距”，提出“加快缩小城乡差距，建立城乡一体化义务教育发展机制”。这是首次提出城乡教育一体化的国家教育发展战略。城乡教育一体化的本质是促进教育公平、缩小城乡教育差距，城乡教育一体化是我国经济、社会、教育发展到今天的必然要求。

（1）城市化背景下城乡差距越来越大

改革开放以来，我国经济飞速发展，取得了巨大的成就，令世人瞩目，但城乡差异的问题仍未解决。城市和农村依然是两个不同的生活环境，城市居民和农村居民又有着不同的生存境况，国家政策往往偏向城市的发展。虽然近几年政策导向农村，起到了不小的均衡作用，但城乡二元发展态势依然严峻，且这种差距还有扩大的趋势。

从城乡收入来看，改革开放以来我国城乡居民收入差距经历了一个从缩小—扩大—再缩小—再扩大的过程。1978—1983年，城乡居民收入差距较快缩小，城乡居民收入比从1978年的2.57下降为1983年的1.82，为历史最低水平。1983—1994年收入差距急剧扩大，1984年城乡居民收入比为1.83，且逐年扩大，到1994年城乡居民收入比高达2.86。1995—1997年，收入差距略有缩小。1995年的城乡收入比为2.71，1997年则降为2.47。但是这3年短暂的下降并没有形成一种趋势，其最低点也仍比1983年的水平高出许多。1998年之后，城乡收入差距再次呈明显扩大趋势，收入比由1998年的2.51扩大到2010年的3.23。[①] 国家统计局2013年1月18日公布的数据显示，2012年我国城镇居民人均可支配收入24565元，农村居民纯收入7917元，城乡居民收入比为3.10：1，城镇和农村居民的收入水平仍保持3倍以上的差距。然而，这已是10年来的最低值。[②] 不仅收入差距巨大，中国社科院近期发布的2014年《社会蓝皮书》中显示：2012年，城镇基本养老保险和新农保的参保率分别呈上升趋势，其中，人均养老金水平城镇职工已达2.09万元，新农保为859.15元，两者养老金水平相差24倍之多。从医疗卫生来看，城市和农村的卫生费用，1990年几乎接近，但是到了2007年城市卫生费用高至8754.53亿元，农村卫生费用却仅为2534.95亿元，还不足城市的1/3，城市人均卫生费用是农村人均卫生费用的4.3倍。若剔除人口数量因素的影响，城乡人均卫生费用差距则更为显著。[③] 当然，必须承认，近些年来各级政府在完善农村社保方面付出了持续而有效的努力，建立健全了新型农村合作医疗、新型农村养老保险和农村低保等制度，但依然存在着项目不全、覆盖面狭窄、保障水平低、社会化程度低等难题，难以填平城乡之间的巨大沟壑。

世界城市化进程曾表现出一个规律性特征：城市的繁荣与农村的衰落几乎是相伴而生，并形成此消彼长的循环态势：城市越是繁荣——流入城市的人口就越多——农村就越是萧条。[④] 教育也同样逃不出这样的规律，随着城市化进程的加快，城乡教育的差距也越来越大。在2006年“两会”期间，全国人大代表就指出我国“农村学校像非洲，城市学校像欧洲”的尴尬现状。报纸、网络媒体也曾多次报道农村学校的校舍危房比例高、基本教学仪器不足、代课教师多等现象，反映了城乡教育差距巨大的状况。

百年大计，教育为本。教育承担着维护社会公平的职能，也是解决未来收入分配不公的重要途径。我国在普及义务教育方面取得显著成就，

---

① 张恩英，矫正．我国城乡收入差距现状及对策分析［J］．商业经济，2013（1）

② 石述英．最可怕的城乡差距在哪里？［N］．工人日报，2014-1-26

③ 张怀雷，张群丽．统筹我国城乡医疗卫生发展的几点思考［J］．当代经济管理，2012（9）

④ 屈育霞，唐绪龙．农村教育城镇化可行性分析［J］．重庆教育学院学报，2011（4）

小学学龄儿童的净入学率从1980年的93%提高到2010年的99.7%。相应地，城乡义务教育在入学率上的差距已大大缩小，公民基本上享有接受义务教育的机会。虽然农村学生与城市学生可接受同等层次的义务教育，但由于城乡之间在教育经费支出、教师队伍和办学条件上的差距，城乡教育差距仍然是我国教育差距中最显著的差距。

从教育经费上来看，生均教育经费比，反映了生均所有来源教育经费农村与全国平均水平的比值。我国初中生均教育经费比从1995年的0.83下降到2003年的0.726，小学则从1995年的0.845下降到2002年的0.81，显示城乡之间教育投入的差距在逐渐拉大。2004年后生均教育经费比得到了大幅的提高，显示经费投入的相对差距在逐渐缩小，在2009年初中生均教育经费比达到0.9以上的峰值，小学同指标则在2008年达到峰值0.973，2009年又出现了略微下滑的趋势。可见2005年新机制改革以后，城乡教育在经费上的差距逐渐缩小。[①] 多项调研结果表明，我国对于农村学校的教育经费投入一直存在不足，农村学校所获得的教育经费远远无法与城市学校相比。由于教育经费投入不足，导致在未来较长时间内农村校园硬件设施和软件师资与城市校园的优越环境和雄厚师资条件相比难以望其项背。在城市学校，有大量的经费推行素质教育；而在农村学校，由于经费少，素质教育只是喊喊口号而已，很难真正推行。城乡之间教育差距的加大，造成在文化知识、综合素质等方面也存在差距，形成了城乡之间的隔阂。特别是在老少边穷地区，由于教育经费短缺，严重阻碍了农村教育的健康发展。

从教师队伍上来看，与城市教师过剩的现象并存的是农村教师有效需求严重不足，连正常的比例都难以维持。教师的劳动在很大程度上只是作为个人谋生的手段，受价值规律的制约。教师提供了复杂而繁重的劳动，所得的报酬却低于大多数其他专业工作者，即使教师之间，待遇差别也相当明显。当同样的付出不能得到同样的收获时，他们的心态就难以平衡。到2007年年底，全国中小学的代课人员为3719万人，他们主要集中在农村。再从师资质量上来看，2004年，全国小学具有专科以上

---

① 黄少安，姜树广．城乡公共基础教育均等化了吗？——对城乡基础教育财政支出和教育质量历史趋势的实证考察［J］．社会科学战线，2013（7）

学历教师的比例，农村为47.49%，比城市低31个百分点；全国初中具有本科以上学历教师的比例，农村为24.34%，比城市低38个百分点；全国农村小学高级教师的比例为35.9%，农村初中一级及以上职称教师的比例为32.3%，分别比城市低8.9和14.5个百分点。① 2010年全国普通初中教师中，64.05%具有本科以上学历，城市、县镇和农村这一数值分别为82.67%、63.14%和54.82%。显而易见，城市的教师中绝大多数拥有较高学历，农村和县镇都低于全国平均水平。虽然城市的教师总数只占全国教师总数的20%，但65.5%的研究生学历教师都在城市，城乡间教师学历的差距较大。2010年全国小学教师中78.29%具有专科以上学历，城市、县镇与农村比这一数值差距同样甚大。此外，农村各学科教师数量结构失调，在一些落后山区，常常是一个老师实行“全日制”“全方位”教学。偏远农村地区特别是中西部地区教师流失尤其严重，甚至有些地方出现了失控现象。一部分教师调动到其他待遇较好的地区继续从教，而另外很大一部分教师弃教从事其他行业。教师大量外流势必会导致教师人数的短缺和教师整体质量的下降，严重影响到教育的质量。

从办学条件上看，一方面，学校危房主要在农村，2006年全国普通中学、小学校舍危房总面积分别为12311474平方米、29166166平方米，其中农村校舍危房面积分别占到总面积的60.3%、85.1%，而城市仅分别占到总面积的3.68%和2.21%；② 另一方面，城乡教学设施设备差距也很大，2004年，全国小学生均教学仪器设备值，农村为167元，城乡之比为2.9∶1；初中生均教学仪器设备值，农村为269元，城乡之比为1.4∶1。城乡教育办学条件可谓有天壤之别。

农村教育投入的不足和教育质量低下使“读书无用论”在农村屡屡抬头，很多农村子女放弃了受教育的机会和权利，导致了城乡在受教育程度方面的巨大差距。据2005年的统计，我国乡镇初中的辍学率远远超过县城中学，最高的达到了60%。在西部地区学生流失最为严重的乡镇

① 国家教育督导团．国家教育督导报告2005——义务教育均衡发展：公共教育资源配置状况［R］．教育发展研究，2006（5A）

② 庞旭瑞．我国城乡基础教育差距的现状与对策［J］．山西高等学校社会科学学报，2009（04）：52—55

中学，辍学率高达73.2%。[①] 农村人口低学历比例远远高于城市人口。农村人口中初中及初中以上文化程度的人数仅占39.1%，远低于城市人口65.4%的水平；全国4.98亿农村劳动力中，高中文化程度的只占9.7%，而初中文化程度的占49%，小学文化程度的占31%，不识字或识字很少的仍占7%，初中及其以下文化程度的比重高达87.8%。此外，在农村劳动力中，受过专业技能培训的仅占13.6%。可见城乡教育差距是巨大的，如何有效遏制城乡之间教育差距扩大的势头，如何满足群众在新的形势下对义务教育公平的需求，是值得学术界和政府部门思考的问题。

正是看到城乡教育的巨大差距，2010年《国家中长期教育改革和发展规划纲要（2010—2020年）》提出“要加快缩小城乡差距，建立城乡一体化义务教育发展机制”的发展任务。随着我国城市化进程的不断加快，城乡一体化建设成为国家发展的重大议题，基础教育发展必须关注城乡一体化发展的问题。

（2）不完全城市化导致的教育资源配置欠佳

迅速推进的城市化进程对我国的农村教育带来了种种影响。首先，“不完全”城市化导致了不平等和不完全教育。现今被社会广泛关注的农村留守儿童与城市流动儿童这两个受教育群体，其实都是不完全城市化（或叫“半城市化”）的产物。在“半城市化”状态下，城市需要并且能够接纳的，是作为劳动力的农民工，而不是拖家带口的农村移民家庭。这样就必然出现两种情况：或者农民进城打工，孩子留在乡下，父母与子女分离，形成规模庞大的“留守儿童”大军；或者孩子随打工的父母进城，四处辗转漂泊，居无定所，学无定校，形成同样庞大的城市“流动儿童”大军。据全国妇联2008年初发布的《全国农村留守儿童状况研究报告》显示，我国农村0～17周岁留守儿童总数约5800万，其中14周岁及以下的留守儿童约为4000万，农村留守儿童占全部农村儿童的比例为28.29%。0～17周岁城市流动儿童总数约为1212万，其中14周岁及以下流动儿童873万。在全部城市流动儿童中，农村流动儿童占78.74%，

① 李惠莲．农村义务教育现实困境：辍学率拉响警报［N］．中国经济时报，2005-01-19

农村流动儿童占进城流动人口的12.5%。这里的流动人口指的是跨县（区、市）迁移到城镇的人口。如将统计口径扩展至跨乡（镇、街道）迁移的话，流动儿童总数则将增至2266万，其中14周岁及以下流动儿童达1634万。①

大量的农村流动儿童进入城镇学校就读，造成了城镇义务教育“大班额”现象严重。按照国家班额标准，义务教育阶段46～55人为“大班额”，56～65人为“超大班额”，66人以上为“特大班额”。2008年，河北省小学班额在46人以上的教学班有27333个，占小学教学班总数的18.9%，其中56～65人的超大班额和66人以上的特大班额分别达到7549个和6204个，分别占小学教学班总数的2.8%和2.3%。初中班额在46人以上的教学班有37075个，占初中教学班总数的71.9%，其中56～65人的超大班额和66人以上的特大班额分别达到11793个和7799个，分别占初中教学班总数的22.9%和15.1%。总体上看，全省“大班额”问题呈现出三个明显的特征：从地区分布看，小学“大班额”问题突出的依次是县镇学校、城市学校、农村学校，初中是县镇学校、农村学校、城市学校。可见，无论小学还是初中，县城学校都是最为“拥挤”的；从学段看，初中“大班额”问题比小学严重。2008年，全省初中“大班额”的比例是71.9%，高于小学53.1个百分点。初中超大班和特大班的比例为22.9%和15.1%，分别高于小学20.1个、12.8个百分点。从学校类别看，优质学校和乡镇中心校“大班额”问题比其他学校突出。如某区“重点小学”在校生7600人，平均班额90人以上，最大的达116人；某镇中心校在校生2000人，平均班额90人，其中有8个班竟在100人以上。② 而与此形成鲜明对比的是农村学校萧条不堪，大量的农村流动儿童进入城镇学校读书，再加上计划生育政策导致的人口出生率降低，使得农村学校萎缩。根据相关部门提供的数据显示，中东北地区下降比率最大，为53.96%；其次是华东地区，下降了47.89%，全国合计下降

---

① 高文书．留守和流动儿童教育现状［EB/OL］．中国网，2009-12-21

② 梁永良．我省义务教育阶段学校“大班额”现状分析［J］．河北教育（综合版），2009（6）

了37.23%。①

相关链接

“我仔细算过，我们这里的小学生念完三年级时，孩子们就走完‘25000里长征’了。”一位来自贫困地区的校长在北京吃惊地发现，这里的学生们“又白又胖”，而相比之下，自己那些山里的学生，显得“又瘦又小”。“我们村的教育水平比县城至少差20年，县城比北京相差得更多。”来自贵州赫章的郭昌举校长因此而感叹。这是两位首次走出贫困山区、一睹京城繁华街景与先进教育的乡村校长在北京贫困地区小学校长论坛上发出的感慨。

今年的政府工作报告指出，要“着力推动义务教育均衡发展”，“进一步促进教育公平，为国家发展提供强大的人力资源支撑”。教育公平问题牵动着在北京参加两会的政协委员们的心。教育差距不容忽视。近年来，随着促进教育公平战略的确立，我国相继实施了一系列促进教育公平的重大措施，各级各类学校的办学条件和弱势群体受教育状况得到了一定程度改善。但不同区域、不同学段、不同教育领域、不同学校、不同人群之间的教育不公平问题并未从根本上得到解决，特别是城乡之间、学校之间在经费投入、办学条件、教育质量等各方面仍然存在较大差距。

广西教师卢有英说：“北京的小学常常召开家长会，家长与老师可以沟通许多问题。但在我们的学校里，90%的学生都是留守儿童，连家长们都找不到。”贫困地区小学师生比例普遍达到1∶30以上，老师和校长统统身兼多职。他们教书、做饭、当宿舍保安，也当孩子们的“爸爸妈妈”。

全国政协委员傅建荣在发言时指出，几乎所有贫困地区的学校都存在教师不足问题，以至于在21世纪的今天，依然有不少初中文化

① 郭存芝，凌亢，白先春．城市化与我国基础教育资源的优化配置［J］．中国人口．资源与环境，2008（01）：128—132

的代课教师担负着乡村教育的重任。他们中的许多人，只拿着几十元到几百元不等的月薪。农村学校教育经费不足，办学条件不好，教师队伍不稳，教师待遇不高，“人心思城”不安心农村教育。教学设备数量不足，种类不全，严重影响城乡义务教育均衡发展。

民进中央在提交的提案中指出，义务教育的不均衡，在城市，导致小学、初中择校热高烧不退，重点校“大班额”和“超大学校”随处可见；在农村，导致基层中小学校生源减少、教师流失，父母进城陪读成风。不仅如此，义务教育的不公平、不均衡，还在广大城乡导致升学竞争恶性化、学校招生权贵化（条子生、票子生）、职业教育边缘化、出国留学低龄化等教育怪象和乱象。

节选自中国信息报孙启文《如何缩小城乡教育差距?》

2. 城乡教育一体化的作用

(1) 城乡教育一体化有利于城乡共生局面的形成

所谓共生（Symbiosis）就是指不同生物种属按某种物质联系而生活在一起，它是生物在长期进化过程中，逐渐与其他生物走向联合，共同适应复杂多变的环境，互相依赖，能够获得一定利益的一种生物与生物之间的相互关系。① 研究表明，城市和农村也同样具有生态系统中普遍存在的共生现象：城里人与农村人共生在地球上或一个国家、地区里，分工合作是其共生现象的特征之一；互补性、协同性、共赢性，是其共生现象的目标追求之一；信息共享效应、协同运作效应、能力互补效应、知识转移效应、共同愿景效应是共生的内在动因；适当的关联度和对称分配是互惠共生的稳定条件。② 城乡教育一体化有利于推进城乡共生，改变以往农村单向服务城市的教育发展模式，树立城市服务农村的教育理念。把农村元素融入城市教育，这样不但有助于丰富现在缺乏农村意识的城市教育的内容，还能改变城市学生对农村一些根深蒂固的偏见，建立与农村、农民的深厚感情，引导他们加入到农村教育的建设中来，帮

① 罗湖平，朱有志．城乡一体化进程中的共生理论探讨［J］．安徽农业科学，2011（5）

② 孙万鹏．统筹城乡发展初探［EL/OL］．http：//www.6book.com.cn/Article/ShowArticle.asp? ArticleID=10433

助其树立服务农村、建设农村、发展农村的理念和目标，促进农村教育、经济、社会事业等的发展。

(2) 城乡教育一体化有利于教育资源的城乡互动

城乡教育一体化是对当下城乡分立的教育资源配置方式的制度纠偏。实现城乡教育资源的交流互动，有助于将以往农村对城市的单向支持变为城市与农村间教育资源的双向流动，均衡配置教育资源，落实“以城补农”的国家政策，推动农村城市教育的交流互动，加大城市对农村教育的支持和反哺。

构建城乡一体化的教育资源配置机制，城乡教育资源要优势互补、交流互动。城乡教育一体化有利于落实好国家制定的城镇教师支援农村教育的政策措施，安排好农村教师对城市教育的支持和帮助，实现城乡教育的双向交流、互利共赢和双强共赢。城乡教育一体化强调城乡教育资源配置的结构合理和比例协调，强调公共教育资源对城乡学生的普惠性。如在当前城镇化进程中，针对农村地区人口逐步减少、城乡结合部农村学校就学人数不断减少、城市学校就学人数增长过快的特点，要统筹好、规划好城市教育和农村教育机构的规模和数量，调整好城乡教育的布局和体系，避免乡村学校等教育资源过度闲置和乡镇、县城、市区等教育资源过度拥挤。城乡一体化教育资源配置的关键是促进城乡教育资源的交流，根本目的是保证城乡学生均等、公平地享受教育资源①。

(3) 城乡教育一体化有利于促进教育对象公平和教育制度贯通

目前，由于城市化带来的“城市中的农村人”和“农村中的城市人”并存的现象，尤其是农民工流动儿童子女的双重身份，要求我们实现教育对象的城乡交融，要打破目前对教育对象的各种约束限制，无论是身份上的还是内容上的，抑或是制度上的。同时，增强城乡教育内容的共通性，提高城乡教育对象的普惠性，促进教育制度的贯通性②。

增强教育内容的共通性，即改变现在的农村和城市的课程分割设置，将课程的目标定位为培养现代公民，使得培养出的学生能适应现代化的

---

① 邵泽斌．理念变革与制度创新：从城乡教育均衡到城乡教育一体化［J］．复旦教育论坛，2010（5）：14—19

② 同上。

农村和城市生活，成为新世纪的新型劳动者。提高教育对象的普惠性，便是让教育普及到更多的人民，改变以往功利化的观念，因为高的教育质量带来的好处远远超出教育对象所生存的空间范围，不是所谓的零和博弈，而是双赢、共赢。如今城市和农村的居民已经突破了地域上的限制，频繁流动，提高城乡教育质量和增加教育资源的供给，一方面，能通过提高农村教育对象的素质和劳动生产率，促进农村经济社会发展，这些农村教育对象在城市务工也为城市建设添砖加瓦；另一方面，城市良好的教育也能保证流动儿童享受同等教育，保证城市务工人员得到培训，推动城乡发展和共赢。促进教育制度的贯通性，即通过制度手段确保教育对象无论是农村的还是城市的都能享受应有的、平等的、及时的教育，打破户籍身份限制和制度约束壁垒，使得准入和参与更加灵活化和人性化，保证全民都能享受到现代教育、终身教育、国民教育的优秀成果。

3. 城乡教育一体化的概念和内涵

(1) 城乡教育一体化的概念

①“城乡”的界定

要实行城乡教育一体化，首先应当明确的是“城”与“乡”的概念范围。我国一直以来都是以城、镇（乡）行政界线作为城乡划分依据，但在实际操作与应用过程中并不能完全适用于各个研究领域。1999 年颁布的《城市规划基本术语标准》，规定城市也指城镇，意指以非农业和非农业人口聚集为主要特征的居民点，包括按国家行政建制设立的市和镇。我国现阶段符合“以非农业和非农业人口聚集为主要特征的居民点”特征的对象正好是县级以及县级以上的城市地区。所以，我们将县级市市区和“县”政府以上所在地归为“城”，县级以下的包括农村乡镇和其他特殊偏僻地区归为“乡”。

②“一体化”的界定

城乡教育一体化的核心就是教育公平的实现。“城”与“乡”是两个平等的子系统，两者共生共存于我国教育的大系统内部，相互融合、资源共享，并在“协同”作用下可以产生新的功能，进而形成一体化的教育体系与教育制度，最终完成教育公平的理想。城乡教育一体化是指城乡教育在空间布局、教育体系、教育制度、教育政策、发展目标和发展战略等方面实现融合、融通，城乡教育相互促进、融合发展。①

（2）城乡教育一体化的内涵

城乡教育一体化，在区域发展和学校发展意义上，是指通过缩小区域城乡教育差异与同一地区不同学校的办学水平差异，从而使城乡教育不仅迈进与地区发展的和谐一体化状态，而且在不同地区之间、不同学校之间形成相互助长的关系。为了更好地理解城乡一体化，我们首先要理解我国的城乡二元结构，进而才能了解城乡教育的二元结构，因为前者的两种形态决定了后者结构的两种类型。

一种是传统的城乡教育二元结构形态，它与城乡二元经济结构和社会结构相对应，主要表现是城乡存在巨大教育差距，城乡居民法定的平等的受教育权不能得到保障。另一种是伴随城市化进程而产生的城乡教育二元结构的新形态。② 农民工突破了传统的城市与农村的地域划分，成为了伴随着城市化进程新生的社会第三元，是农民与市民间的第三个社会群体，因此有学者提出“三元社会结构”概念。③ 与之相匹配的教育的三元结构即是在城市中新增加一元结构，表现为城市内部教育的双轨。农民工及其子女在城市中由于户籍身份限制不能享受与城市居民同等的教育和培训，也无法参加城市的高考，导致这些流动人口的教育越来越边缘化。

对应城乡教育的二元结构，城乡教育一体化也便催生出两种类型——城乡之间一体化和城区内部的一体化。前者是为了均衡城乡间的教育差距，后者则是因为随着我国城市化进程的推进，只在农村和城市两个空间发展教育已经不能满足城市新生代人口的教育需求。越来越多的农村人口涌入城市，怎样在城区内部将“第三元”的教育一体化，怎样保证新生代农民工及其子女的教育公平，怎样实现城区的社会公平和社会稳定是教育亟待解决的问题，也是我们应该重视和思考的关键。

---

① 高书国．中国城乡教育转型模式［M］．北京：北京师范大学出版社，2006

② 褚宏启．教育制度改革与城乡教育一体化［J］．教育研究，2010（4）

③ 李强．农民工与中国社会分层［M］．北京：社会科学文献出版社，2004

因此，我们不仅要把重点放在统筹城乡当地的教育一体化发展，努力缩小城乡教育差距，用制度手段缩小教育制度落差，更要重点把握和统筹农民工及随迁子女与城市居民的教育公平，破除城区内部对农民工及其子女的教育歧视。

4. 城乡教育一体化的实现路径

(1) 政府统筹规划

凡事预则立，不预则废。只有有了规划，才可能实施具体的措施。上海、重庆、成都、义乌、三河等地市政府对城乡教育一体化发展都提出了明确的规划。例如，成都市2007年提出要用“全域成都”的理念实施城乡统筹，以推进城乡一体化为核心，缩小城乡差距，让城乡教育等公共服务实现基本均等化，由此，城乡教育一体化纳入了成都市经济社会总体发展规划中。在实施内容上，提出了“六个一体化”：发展规划一体化、办学条件一体化、师资配置一体化、经费投入一体化、教育质量一体化、评估标准一体化。上海市人民政府办公厅2012年6月颁发了《上海“城乡基础教育一体化建设工程”实施方案（2011—2015年）》，对加快城乡结合部学校建设、推进实施农村义务教育学校委托管理、建立优质教育资源共享机制、推进义务教育阶段教师柔性流动、切实保障进城务工人员随迁子女教育权益等方面做了统筹规划。推进城乡义务教育一体化发展必须有政府的顶层设计、全力推动，教育等相关部门的全力跟进、稳步实施。政府必须将其纳入教育改革和发展总体规划之中，在全面统筹城乡经济社会发展的同时，优先统筹城乡义务教育一体化发展。

(2) 推进均衡发展

城乡义务教育一体化发展离不开积极推进义务教育均衡发展，离不开缩小城乡义务教育之间的差距。一些发达省份，已实现义务教育基本均衡，正向义务教育优质均衡迈进。如浙江省义乌市，近年来着力构建“以市（县）为主”推进义务教育均衡发展的保障机制，全面实施了以促进城乡学校共同发展为目标的“城乡联校行动计划”等“五项行动计划”；启动了以促进城乡教师共同成长为主要任务的教师素质提升等“五项工程建设”；完善了校际平等，适度倾斜农村，全额保障的“市级统筹”教育经费运行机制等“六项保障机制”，扎实推进城乡教育均衡发展。以师资队伍建设为例，近年来，义乌市进一步健全了教师优先安置农村学校制度。“十一五”期间，每年有200多名新教师充实到农村学校。2007年以来，统筹全市教师编制10%，扶持农村学校尤其是寄宿制学校。从2008年开始，实行城乡教师按师生比同等标准配备，优化农村学校教师队伍的结构与素质；实行对口支援学校间交流支教制度，通过教师资源异校交流，激活教师柔性流动活力，凡晋升中、高级职称，年龄在40周岁以下的教师必须在任现职期间有农村学校任教的经历。每年选派40多位城区骨干教师到农村学校开展为期1～3年的全职支教，同时选派相应数量的农村教师到城区学校培养任教。推进义务教育均衡发展是实现城乡义务教育一体化的重要路径和手段。目前，多数省份实现了县域义务教育初步均衡，但距离基本均衡还有一定的差距。这种差距，在区域内主要体现在城乡间和校际间，必须加大对乡村义务教育的扶持力度，加强薄弱学校建设，才能逐步缩小。

（3）突破制度局限

城乡二元结构问题本身就是制度问题，破解城乡教育二元结构，推进和实现城乡教育一体化必须从改革制度入手。实践证明，只有破除城乡教育二元结构的制度局限，城乡义务教育一体化才能顺利推进。近年来，成都市坚持一元标准，着力破除城乡教育二元结构。例如，在教育经费投入一体化中，全市确立了“以市为主、分级承担，分类指导、区别对待”的经费投入机制，将投入重心上移到市，实行义务教育经费预算单列，按照“支持城区、补助近郊、扶持远郊”的原则，将新增教育经费主要用于农村，加大市本级向农村义务教育的转移支付力度，确保农村教育经费持续稳定增长。再如，在师资配置一体化中，成都市实施了“市域统筹”的教师配置方式，促进了城乡教师均衡配置，并通过建立“交流共享”的城乡教师流动机制，实现了城乡教师良性流动。在城乡教师培训上，统一构建市、区（市、县）、校三级培训体系。教育要发展，根本靠改革。在教育外部，要积极推进城乡一体化改革，破除城乡二元户籍制度，积极推进城镇化和新农村建设。在教育内部，改革城乡义务教育管理、投入和人事等制度，提高统筹的层级和重心，是推进和实现城乡义务教育一体化的刚性保证。[①]

(4) 综合配套改革

只有城乡经济、社会、教育协调发展了，城乡教育一体化才有可能真正实现，一些城乡义务教育一体化发展较好的地区，都是城乡经济、社会与教育协调发展的地区。例如，河北省三河市自2002年开始，全力破解城乡二元结构，加快推进城乡在基础设施、产业布局、社会保障、科教文化等方面的一体化。在此过程中，城乡义务教育一体化发展全面推进。2007年6月，国家发展和改革委员会批准重庆市和成都市设立全国统筹城乡综合配套改革试验区，要求成都市和重庆市从实际出发，根据统筹城乡综合配套改革试验的要求，全面推进各个领域的体制改革。随后，重庆市启动了建设国家统筹城乡教育综合改革试验区，成都市也启动了与教育部和四川省人民政府共建统筹城乡教育综合改革试验区，全面推进城乡教育一体化工作。以上地区，均在统筹城乡经济社会发展的背景下，进行城乡教育一体化改革。例如，通过改革户籍制度，促进城乡师生自由流动；通过改善农村基础设施建设，缩小城乡生活环境差距。这些改革为城乡教育一体化发展奠定了坚实的基础。[②]

(二) 任县发展概况

1. 任县的经济和社会发展概况

任县位于太行山东麓，华北腹地，河北省南部，隶属于邢台市。东靠巨鹿、平乡，西连邢台、内丘，南与南和接壤，北与隆尧毗邻。东西横距30.8千米，南北纵距23.2千米，总面积431平方千米。县城驻地任城镇，是全县政治、经济、文化、交通中心。县城至北京380千米，距石家庄120千米，距邢台15千米，处于邢台市“十分钟经济圈”内，是

---

① 张旺，郭喜永．城乡一体化：求解农村教育未来之路［N］．中国教育报，2013-9-5

② 张旺，郭喜永．城乡义务教育一体化：问题聚焦、破解路径及实践启示——基于全国十省市调研的思考［A］．见城乡教育一体化发展的国际经验与本土实践国际学术研讨会论文集［C］，2013

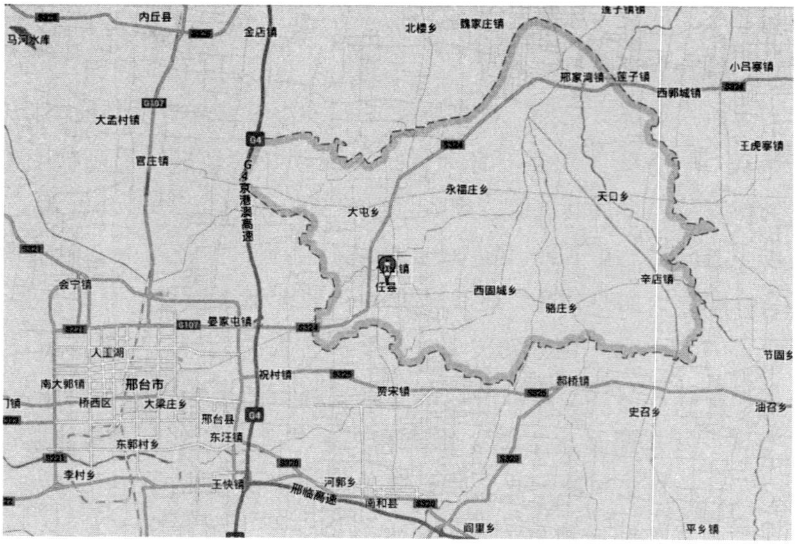

图 1　任县的地理位置

图 2　任县的行政区划

邢台“五个卫星城”之一。全县辖 4 镇 4 乡 2 区，195 个行政村，总人口 359706 人，耕地面积 47.68 万亩，人均耕地面积 1.74 亩，粮食播种面积（按一年两季计算）71.67 万亩，机械耕地面积 47.68 万亩，全县未利用土地 2121 亩。2002 年至 2012 年任县农业综合开发总面积 13.69 万亩，其中，中低产田改造7.69万亩，高标准粮田6万亩。森林覆盖率达11.8%。任县工业历史悠久，已形成机械制造、橡塑制品、化工、丝钉及标准件、纺织服装业、建材等六大行业，其中，机械制造和橡塑制品为任县主导产业。机械制造业有成型企业500多家，从业人员近2万人，年产值18.8亿元。橡塑制品业有成型企业300多家，从业人员1万多人，年产值10.5亿元。

任县是典型的农业县。2012年，全县总户数为111695户，总人口为359706人，其中农业人口272946人，占总人口的76%。总人口数中男性人口数为185036人，女性人口数为174670人，其中新增人口78543人，死亡2884人。常住人口331829人。任县经济较为落后，2005年县域经济发展评价综合位次在全省140个市县中排名第130位，2006年排名第124位，2007年排名第122位。从地区生产总值来看，虽然2005—2012年任县的生产总值处于上升状态，但在全县的排名却有所下降，虽然2012年稍有回升（如图3所示），就2012年的状况来看，仍然低于全省的平均水平（如图4所示）。

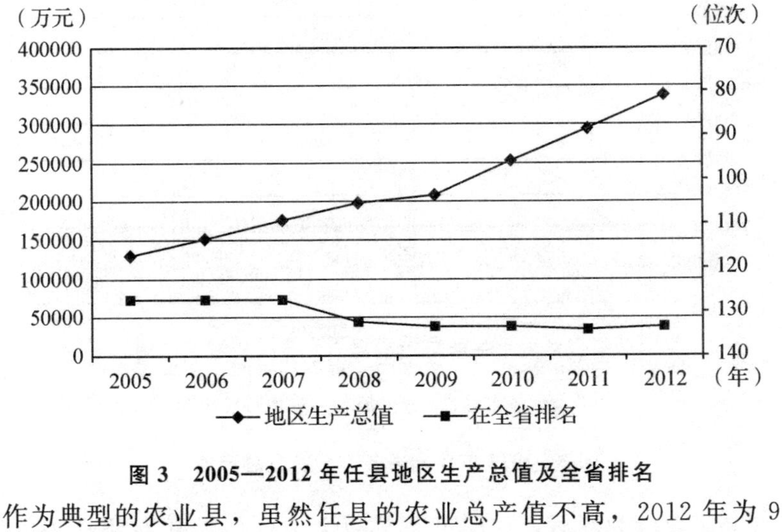

图3 2005—2012年任县地区生产总值及全省排名

作为典型的农业县，虽然任县的农业总产值不高，2012年为97830万元，低于全省平均水平（如图5所示），但农业生产效益较高。2012年粮食总产量达358415吨，高于全省平均水平（如图6所示），1公顷播种面积内的粮食产量达到7.5吨，远高于全省的平均水平（如图7所示），在全省135个市县里位居第15名，被评为“2012年度全国粮食生产先进

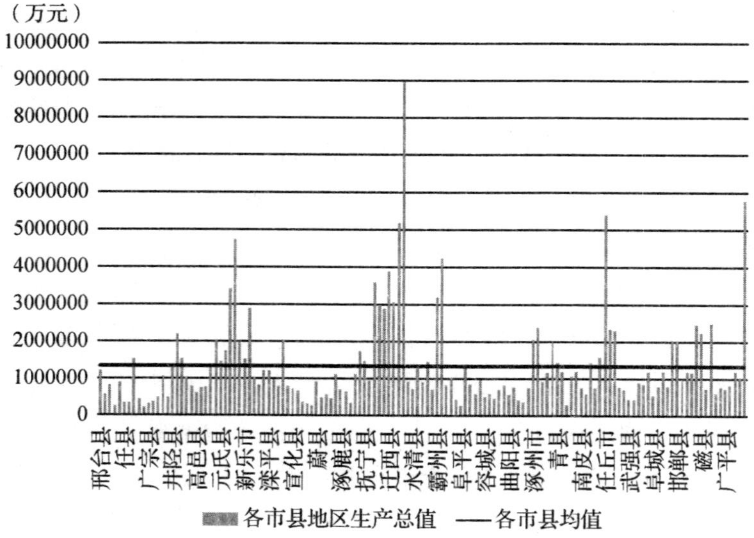

图 4　2012 年河北省各市县地区生产总值

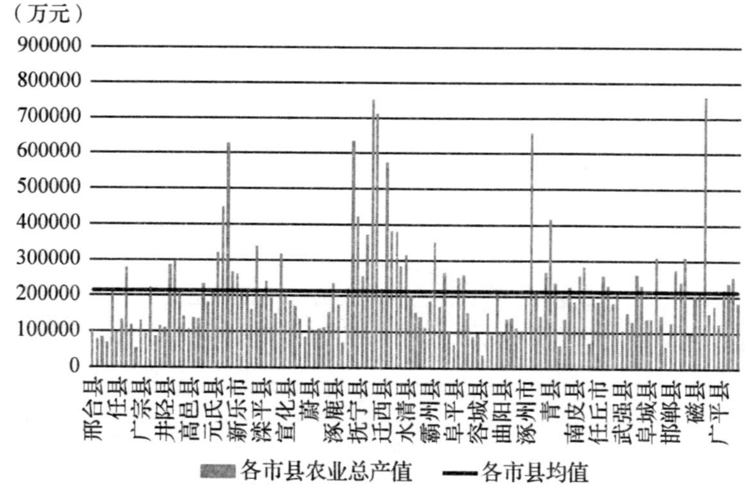

图 5　2012 年河北省各市县农业总产值

县”。任县工业较为落后，2012 年规模以上工业总产值 245851 万元，远低于全省平均水平（如图 8 所示）。2012 年，全县把扩大投资作为拉动县域经济发展的重要举措，全社会固定资产投资完成 348326 万元，同比增长 17%，但在全省范围内比较，任县的投资水平仍然较低，没有达到全省平均水平（如图 9 所示）。任县消费市场繁荣，2012 年，全县社会消费

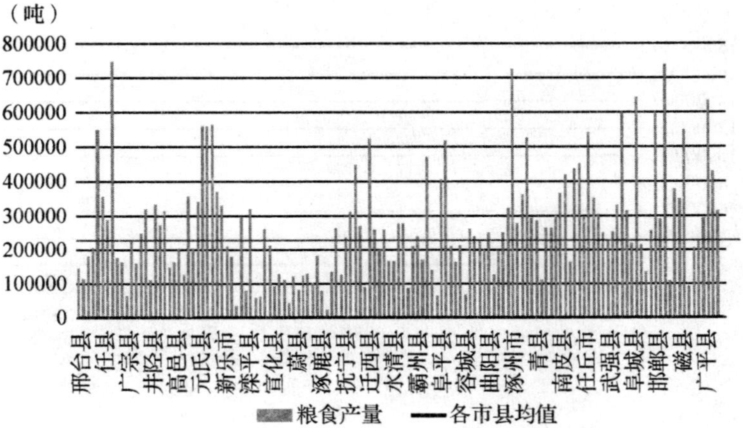

图 6　2012 年河北省各市县粮食产量

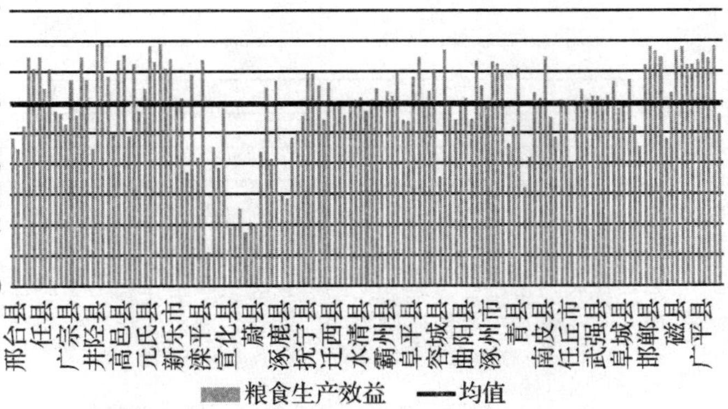

图 7　2012 年河北省各市县粮食生产效益

品零售额完成 237929 万元，同比增长 15.5%。虽然与全省平均水平有一定的差距（如图 10 所示），但任县狠抓项目招商，有三资企业 4 家，实际利用外资 909 万美元，同比增长 5.7%。任县财政收入相对较少（如图 11 所示），但增速很快，2012 年财政收入完成 31086 万元，同比增长 34.3%。公共财政预算收入 20008 万元，同比增长 65.1%，重点民生支出得到了有力保障。城乡居民收入稳中有增，人民生活水平不断提升。2012 年，全县在岗职工人数 12253 人，在岗职工工资总额 38908 万元。城镇居民可支配收入 15765 元，同比增长 15.6%。农村居民人均纯收入 6674 元，同比增长 13.3%，达到全省平均水平（如图 12 所示）。

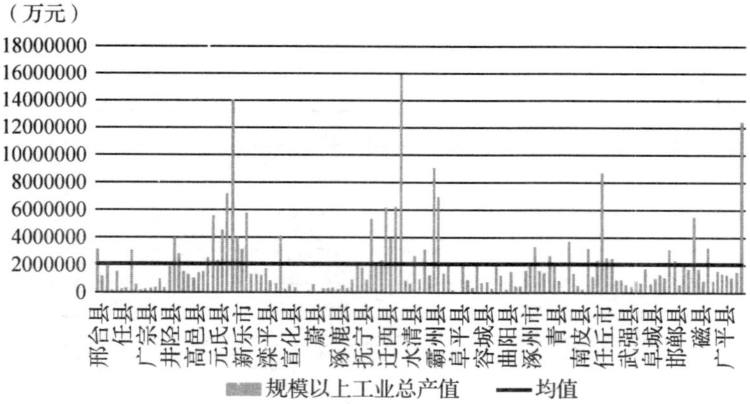

图 8　2012 年河北省各市县规模以上工业总产值

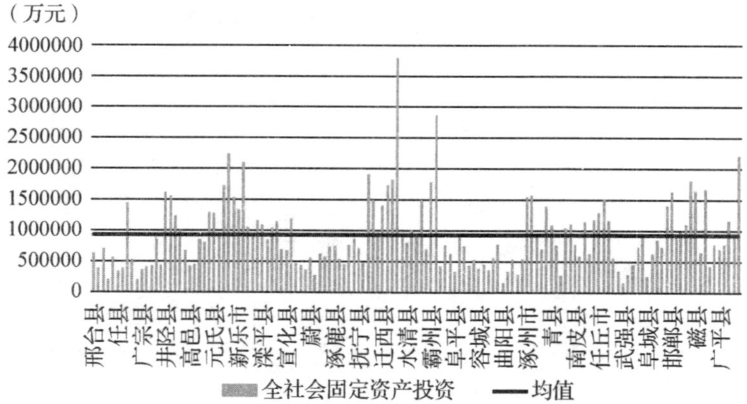

图 9　2012 年河北省各市县全社会固定资产投资

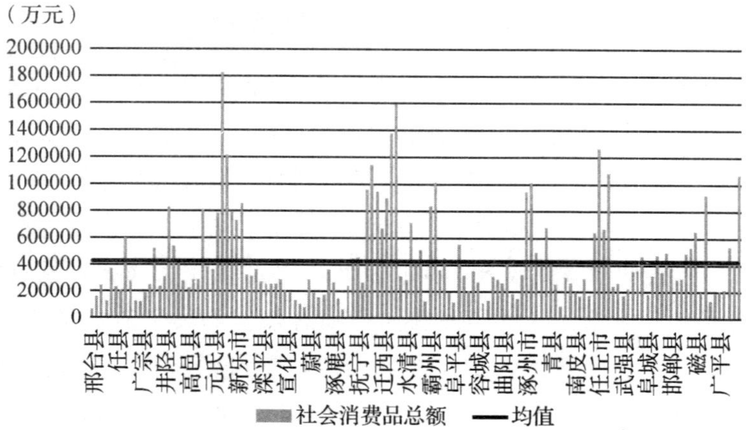

图 10　2012 年河北省各市县社会消费品总额

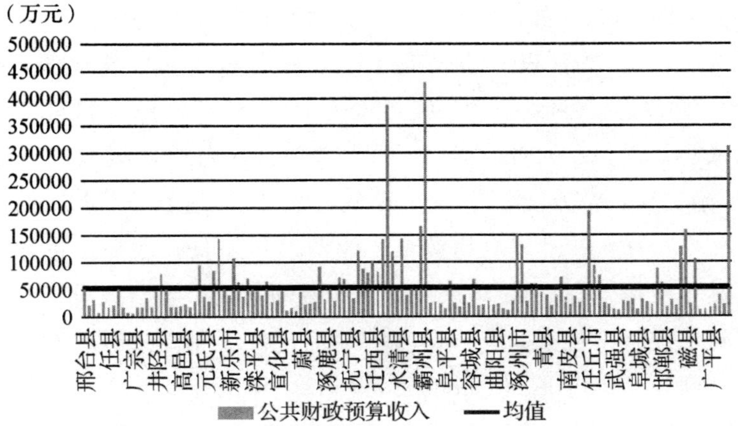

图 11　2012 年河北省各市县公共财政预算收入

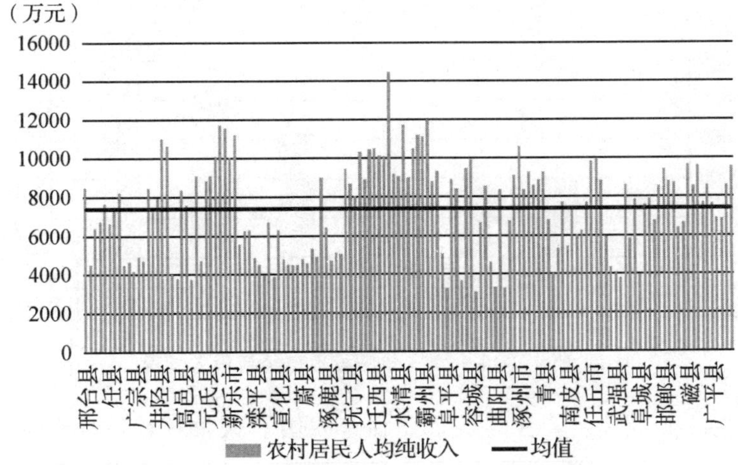

图 12　2012 年河北省各市县农村居民人均纯收入

2. 任县的教育发展背景与概况

任县全县共有学校 87 所（含民办 4 所），其中小学 72 所（含民办 3 所），初中 11 所（含民办 1 所），普通高中 1 所，职教中心 1 所，教师进修学校 1 所，特殊教育学校 1 所。在校生总人数 48601 人（公办 44268 人），其中小学 32068 人，初中 11168 人，普通高中 3021 人，职教中心 2304 人，特殊教育 40 人。教职工总人数 3025 人，其中公办 2697 人。全县幼儿园 68 所（民办 14 所），在园幼儿 10169 人（公办 6806 人），学前教育入园率为94%，公办教师129人。教育经费投入实现了“三个增长”（如图13所示）。教育投入增长高于经常性财政收入增长比例，2009—2011年，财政经常性收入分别为4895万元、6632万元、10141万元，比上年增长分别为12.94%、35.49%、52.91%，财政对教育投入分别为7434万元、10167万元、16039万元，比上年增长分别为13.77%、36.76%、57.76%；学生生均教育事业费逐年增长；教师工资和生均公用经费逐年增长。自2002年以来，全县教师工资由县财政全额纳入本级财政预算，按时、足额、统一发放。2009－2012年，县财政不断加大教育投入力度，2013年达到29905万元。

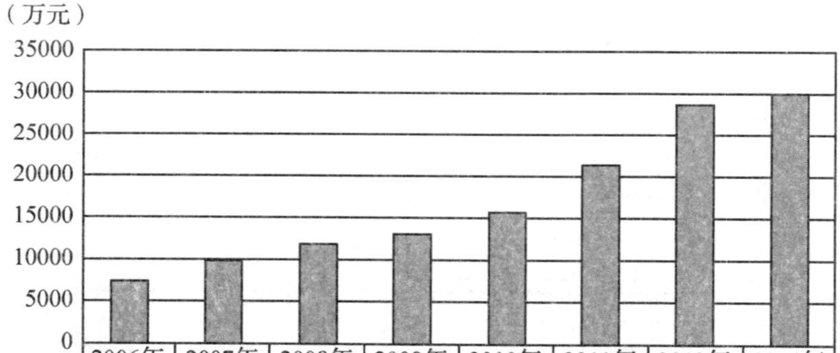

	2006年	2007年	2008年	2009年	2010年	2011年	2012年	2013年	
■投入金额	7347	9665	11614	12942	15436	21443	28754	29905	万元

图13　2006—2013年任县教育经费投入情况

作为一个农业县，任县也曾面临着我国农村教育普遍存在的种种问题：学校占地面积不达标，学校建设缺乏整体规划；农村学校办学条件差，校舍大多为砖木结构，由于建设年代久远，房屋大多破旧老化；学校建筑用地、校舍建筑面积不达标；专用教室不足，缺少信息化教学设备，由于教学设施的欠缺直接或间接影响了教学方式，许多集体活动、课外兴趣小组活动、科技小组活动等难以实现；学校缺乏必要的取暖设施，冬季靠煤炉取暖，存在安全隐患；教师队伍在学历层次、年龄结构、学科结构等方面均不合理：中小学教师的学历层次较低，教师流失现象严重，教师中往往只剩下知识结构老化的老教师和教学经验不足的年轻教师，大多数有经验、有良好知识结构的中青年骨干教师流向条件好的省市。2006年，任县教育全市综合排名倒数第一。

原大屯小学

原新益小学

县教育局深刻认识到改变任县教育现状的紧迫性，以建设教育强县为总体目标，实施农村教育城市化战略，深入开展基础设施建设、教师队伍建设、课程改革等工作，使任县教育事业蒸蒸日上。在全市教育综合排名中，任县 2007 年和 2008 年名列全市第六，2009 年名列全市第五，

2010年名列全市第四，2011年名列全市第一，连续4年被评为“邢台市教育工作先进县”。2008年、2012年两次被评为“河北省教育工作先进县”，被确定为河北省学前教育推进工程试点县。县教育局先后荣获全国“两基”先进、河北省教育工作先进集体、河北省优秀教研室、河北省先进考点等诸多省级以上荣誉。

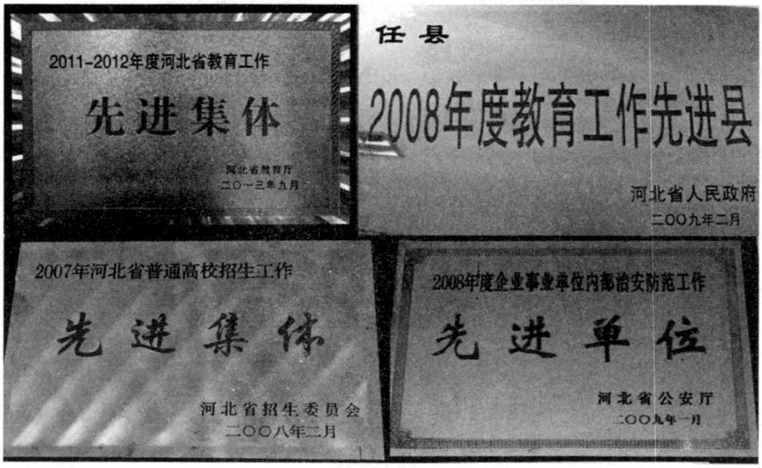

任县教育局获得的部分省级荣誉

（三）任县教育发展的整体思路

近年来，任县坚持教育优先发展战略，积极探索适合该县教育发展的特色之路，坚持走农村教育城市化的道路，注重区域内的均衡发展，其本质就是合理配置教育资源，使农村教育不断与城市教育同步发展，破除城乡二元对立的教育结构，最终实现教育均衡发展。具体来说，农村教育城市化是以教育公平、均衡发展为目标，以规范化、精细化、科学化管理为方法，坚持城乡统筹、标准统一的办学原则，在硬件和软件两个方面大幅度提升办学水平，让所有农村的孩子共享公平、优质、现代化的教育资源。任县结合自身教育实际，谋划了教育发展的总体思路，即“紧紧围绕建设教育强县总体目标，坚持实施农村教育城市化发展战略，促进城乡义务教育均衡发展和各类教育协调发展，以教学改革为突破口，促进学校内涵发展，强力打造精品学校，全面提高教育教学质量”。

教育局召开全县教育工作大会

教育局召开座谈会

相关链接

转观念快发展积极实施“农村教育城市化”战略
——2008年12月25日任县教育局局长在机关干部和骨干教师礼仪知识培训班上的讲话

任县的教育要想冲出重围，并实现跨越式发展，就必须要牢牢把握住三个方面的工作重点：一是硬件建设要实现突破；二是人事制度改革要实现突破；三是人的意识、观念要实现突破。这“三个突破”，集中反映了任县教育发展过程中一些亟待解决的矛盾和问题。纵观这两年来的工作实践，我们一直在积极探索中前进，努力寻找一条符合我县教育实际的又好又快发展的路子，从而使任县教育在最短时间内有一个质的飞跃，重振任县教育的雄风。

通过全县上下的共同努力，近两年来，我县教育一是在学校基础设施建设上取得了长足进步，集中财力、物力，新建的一些学校已经达到了省级先进学校的标准，比如沼气厕所、钢琴、高标准校园网、塑胶跑道、探究实验室、初中理化生实验室等都是史无前例地达到了国家标准，形成了任县教育新亮点；二是大力实施开放性办学，在请进来、走出去方面迈出了扎实的一步，如甄庄明德小学和北师大挂钩，达二新星小学和省教科所挂钩等，这些举措都是我县教育发展向深度、广度进军的重要标志；三是从发展的角度，扎扎实实地开展教育系统人事制度改革，在当前社会就业压力较大的情况下，我们连续三年共招录了400多名教师，这个工作力度在全国也是绝无仅有的，使一大批高学历、高素质的优秀毕业生充实到教师岗位，进一步优化了教师队伍。同时，积极寻求县委、县政府的大力支持，畅通了教师进出渠道，把全县教师队伍管理纳入全县社会发展大背景下，使全县教师队伍建设向正规化、制度化方向不断迈进。

如果说前两个突破，我们不管是靠自身努力还是借助外力都得到了很好落实，那么能否实现人的意识、观念的突破，就是摆在我们当前、也是下一步需要着力解决的重要课题了。实事求是地说，尽管近年来我县教育工作取得了比较大的成绩和突破，但与城市、与先进县市相比，差距仍然很大，原因究竟在哪里呢？我认为，当前最主要的还是人的问题，还是人的意识和观念的问题。由于我们农村教师长期缺乏一种先进的城市化意识和先进管理理念，故步自封、得过且过，结果只能是老牛拉破车越发落后。在新的形势下，今天需要强调的是，教育工作者具备什么样的意识，就会造就什么样的学校和学生。从某种意义上说，当前我们只有树立农村教育城市化意识，才能在最短时间内取得全县教育的突破和快速发展。其实，在这两年多时间里，任县教育局领导班子一直在按照这种思路开展工作，努力打造了甄庄明德、达二新星、大屯中心小学、穆口小学等一批完全达到城市化标准的学校，并且在接受各种检查中受到省市领导的一致肯定，并作为省级重点科研课题正在进行研究。也正因为这样，我们进一步明确了全县教育发展的总体战略，分年度、按计划循序渐进地逐步予以实施，以真正把教育工作融入整个社会发展进程。在这个大思路背景下，为全面完成历史性任务，我们首先确定2009年教育工作的指导思想是：瞄准城市，着眼未来，积极实施农村教育城市化战略，全面提高教育教学质量。在新的形势和任务面前，为什么要提出并确立“农村教育城市化”战略，我认为主要有以下几个方面。

一是坚持农村教育城市化思路符合国家教育均衡发展的政策。我们知道教育均衡发展的主要目的是要缩小城乡差别，但在缩小城乡差别的过程中，不是要把城市标准降下来，而是要把农村教育水平搞上去。实行农村教育城市化战略，就是要按照城市教育标准要求我们的老师和学生，彻底抛弃一些不良习惯和作风，从而推动全县教育向纵深发展，这是我县教育在短期内可以取得实效的捷径和必由之路。

二是坚持农村教育城市化思路适应国家制定的各项教育目标和标准。国家及省、市制定的一些督导评估检查标准，不可能针对某个县，而是面向全体，无论条件如何，标准都是一样的。因此说，我们必须按照城市化标准去建设和管理农村学校，确保国家制定的各项工作标准的落实。只有这样，我们才会在各项评比中不吃亏，也才能促使我们高标准地完成各项工作任务，真正提高我们的教育教学质量，使我们在与城市学校的竞争中立于不败之地。为此，我们提出的“农村教育城市化”战略，主动把我们的各项工作向城市看齐，不仅是使命所迫，更是历史必然，既符合我县教育的实际，又适应国家教育目标和标准。

三是坚持农村教育城市化思路符合广大群众的愿望和要求。在近年来工作实践中，我们千方百计在达二新星、甄庄明德等学校配备了空调、移动多媒体、校园网等现代化教学设施，赶上了城市标准，明显增强了教师的信心，提高了学生的兴趣，改善了学生生活，从城市化学校教育培养出来的学生素质有了大幅度提高，已达到了城市的各种养成习惯，非常符合广大群众对学校教育的要求。从社会发展角度看，“望子成龙”的家长，就是想让孩子接受城市化教育，从中学习更多的知识，养成良好的习惯，真正成为有用人才。这也就是说，实施农村教育城市化战略，把城市教育模式搬到农村来实现，在农村积极推广城市化教育的必要性。

四是坚持农村教育城市化思路有利于学生的成长发展。城市化教育的培养目标更全、更宽 、更规范。农村与城市相比，农村人与城市人相比，基础条件方面相差并不太大。即使同住一样的房子，拥有一样的居住条件，在物品的摆放、装修的风格和生活的习惯上，可以看出一个人的素质修养和文化程度上的落差。这就是有文化与没文化的区别，是城市人和农村人素质上的差异。而这种落差和区别，是长期受教育环境和工作环境而造成的。归根结底是城市化教育形成的素质，能在人一生成长中发挥不可替代的作用。因此，从现在开始，我们就要为孩子们创造具有城市化教育的环境和氛围，使他们像城市的孩子一样受到良好的教育，长大后真正成为有文化、有素养的人，长大后为建设家乡、缩小城乡差别做出积极、有益的贡献。

五是坚持农村教育城市化思路符合未来社会发展的需要。社会在不断地发展和进步，呈加速趋势。因此，我们在对孩子的培养上，应从更高的站位上，考虑社会的需要，跳出教育看教育，去很好地研究社会发展的趋势，研究教育的发展规律。从发展的角度看，社会进步的重要标志就是城市化率，而城市化率的高低充分反映着社会的进步，它们相辅相成。从改革开放后30年的变化来看，城市化的发展越来越快，我们现在培养的学生，要想适应若干年后城市化的社会需求，或者说是要适应城市化率非常高的一个社会，任务是何等艰巨，时间是何等紧迫。为此，从现在开始，我们就应该立即对学生进行城市化的教育和培养，通过我们推行农村教育城市化战略，学生在高起点教育的培养下，可大幅度提高素质。因此说，我县教育的工作思路就应定位在“瞄准城市，着眼未来”。

二、"一个中心"统筹基教园区布局调整

农村义务教育学校布局，要适应城镇化深入发展和社会主义新农村建设的新形势，统筹考虑城乡人口流动、学龄人口变化，以及当地农村地理环境及交通状况、教育条件保障能力、学生家庭经济负担等因素，充分考虑学生的年龄特点和成长规律，处理好提高教育质量和方便学生就近上学的关系，努力满足农村适龄儿童少年就近接受良好义务教育需求。

——《国务院办公厅关于规范农村义务教育学校布局调整的意见》

（一）基教园区建设的背景——农村教育城市化

在新兴的工业文明逐渐取代传统的农业文明而成为社会主导的背景下，农村的城市化进程也日益明显地反映到农村教育中。

1. 农村教育城市化的涵义

农村教育城市化，其本质就是合理配置教育资源，使农村教育不断与城市教育同步发展，破除城乡二元对立的教育结构，最终实现教育均衡发展。具体来说，农村教育城市化是以教育公平、均衡发展为目标，以规范化、精细化、科学化管理为方法，坚持城乡统筹、标准统一的办学原则，在硬件和软件两个方面大幅度提升办学水平，让所有农村的孩子共享公平、优质、现代化的教育资源。①

① 王剑，冯建军．对我国农村教育城市化的审视［J］．教育发展研究，2005（15）

2. 农村教育城市化的特征

(1) 农村教育城市化的基础是城乡教育办学体制的一体化

硬件方面，推行高标准的普及式教育，让农村学校与城市学校比高低。把硬件建设作为突破口，努力为农村孩子打造具有城市化水平的良好硬件设施。农村教育办学体制的变革，是农村教育投资体制的变革，这使农村教育具有与城市教育共同的办学体制，这就是公共财政保障的公共教育。城乡教育办学体制的一体化，是农村教育城市化的基础。一是实施城乡教育拨款均等化政策，通过这一政策解决城乡教育投资起点的公平问题；二是实施公共教育财政向农村学校倾斜政策。只有通过倾斜性的公共财政的支持，才能解决当前城乡教育办学条件存在的巨大差异，才能逐步为农村教育的城市化奠定物质基础。

(2) 农村教育城市化的关键是城市教育先进理念向农村学校的辐射

软件方面，在内涵上下功夫。硬件建设仅是教育改革的第一步，实施“农村教育城市化战略”的关键是要走内涵发展之路。农村教育与城市教育的显性差距固然突出地体现在城乡学校办学条件的巨大差距上，但其根本的差距，还是体现在人上，体现在人的素质上，体现在人的素质之中呈现出来的教育思想、教育理念的巨大差距上。因此，农村教育城市化的关键，是要逐步改变城乡学校在办学理念上存在的突出差距，实现城市教育先进思想、先进理念向农村学校的传播和辐射。

农村教育的城市化不是城市教育的侵略，而是城乡的融合。其核心和关键是，农村学校如何坚持农村地域背景下中国传统文化的基因，如何保持自己在这一文化基因背景下形成的独特的办学特色、学校文化。融合不是代替，融合不是一方取代另一方，而是两种富有优秀特质的文化的新生。在这一过程中，城乡教育理念既具有先进的城市教育理念统整和影响落后的农村教育理念的一面，也有农村教育理念影响城市教育理念，实现双向互动、共生共融的一面。这一切也取决于农村学校教师素质的提高和再造。教师方面，提高素质修内功。让农村教师树立城市化意识，更新教育观念和方法，培养教师自身“造血功能”，提升教师素质。

(3) 农村教育城市化的道路是从当地实际出发

依托自身特有的教育资源，实现对新人的培养。随着教育的进步与发展，随着城乡教育办学体制的一体化水平的不断提高，我国城市教育与农村教育的分野，更多的不是体现在办学条件上，不是体现在教师队伍上，更不是体现在办学目标上，而是体现在学校的空间布局上，体现在农村学校位于“农村”，而城市学校位于“城市”，这两种不同的文明形态润泽下所形成的特殊教育资源的差距上。

从某种意义上说，不管农村教育如何发展，不管公共财政如何加大对农村教育的投资，我们什么时候都不可能把农村教育与城市教育办成完全一样的教育，或者说不可能完全消除农村教育与城市教育的分野。在这种背景下，农村教育城市化的根本意义在于农村教育要利用两种资源，即从农村特有的教育资源出发，同时，又要借鉴城市教育资源，培养具有现代意识、现代文化、现代生产方式、现代生活方式的新市民、新农民，教育担负着为推进我国工业化、城市化提供合格人才的历史使命。①

3. 农村教育城市化对实现城乡教育一体化的价值

(1) 农村教育城市化有利于构建全面优化的教育发展环境

农村教育城市化要求一手抓软环境优化，一手抓硬件建设。农村教育城市化有利于推进硬件环境优化，② 有利于充分发挥农村教育在改善人居环境、优化投资软环境以及促进农村人口向城镇集聚方面的功能，通过合并（将校舍陈旧、场地狭小的学校撤销，并入条件较好的学校）、一校两址（将相邻两校合并，实行一块牌子、一套班子、分年段安排学生在两校就读）、原址改扩建、异地新建住宿制学校等方式，调整学校布局，改善基础办学条件，彻底改变农村学校（尤其是村小）规模小、效率低、散点分布的局面，使区域中小学的建设逐步走向标准化和现代化。

农村教育城市化有利于推进软环境优化。农村教育城市化涉及教育

---

① 张志勇．什么是农村教育城市化？——参加济南市历城区“全国区域教育发展特色示范区”评估会议有感［EB/OL］．http：//zzy81916677.blog.163.com/blog/static/1775441632010113121552860/

② 新闻办介绍改善农村人居环境工作等情况（实录）［EB/OL］．http：//www.cfi.net.cn/p20131017000398.html

系统内外的舆论支持与政策保障，在区域发展观、教育发展观乃至教育系统各要素（学校、教师、学生等）发展观念上的转变以及由此带来的工作思路和方法策略上，政府、学校、社会各方面的创新。有利于树立新的发展观包括如下几点：①教育是先导性、全局性、基础性的知识产业和关键的基础设施的观念。教育成为一种重要的生产力，使农村教育成为推动区域发展的新的经济增长点。②开放的学校教育观念。把人的发展放到学校教育、家庭教育、社会教育相结合的大教育系统中，使教育发展与社会发展相互推动、相互促进。③“公平优先，提高效率”的基础教育均衡化发展观念。明确各级政府在发展农村教育中担负着义不容辞的责任；帮助农村学校走出困境，既是“先发展起来”的城区学校的义务，也是全社会的共同义务；特别重视帮助弱势群体，把保证受教育机会的公平和教育生存性条件的公平放在优先位置。

（2）农村教育城市化有利于建立城乡联动的学校管理新机制

过去很多地区都曾采取城乡学校“手拉手”、送课下乡、城乡教师交流等多种形式，力求以城市教育带动农村教育发展。但由于这些措施缺乏长效的制约机制，资源整合力度小，许多活动只停留在表面或流于形式，收效并不大。

而农村教育城市化要求城乡学校“理念共享、资源共享、方法共享、成果共享、利益共享、荣辱共担”的发展理念落实到实践中去，从组织形式、管理制度、工作方式等多方面形成一整套城乡学校协同发展的长效机制。

农村教育城市化有利于实现城乡教育的捆绑式发展，创新管理制度，促进校园文化的深层变革。城乡学校“捆绑式”发展的最大意义，就在于它以制度化的方式，促进了城乡教师之间实质性的交流和学习——无论是教育教学研讨、示范课观摩、师生联谊、社区宣传等丰富多彩的活动，还是日常交往的点点滴滴，都在潜移默化间促进着教师的成长，从而有力地推动校园文化的深层变革。

（3）农村教育城市化有利于从实践层面缩小城乡差异

农村教育城市化，有利于实现规模效益，提高资源利用效率。实行农村教育城市化，不仅有利于整合农村教育资源，更有利于优化教育资源配置，发挥教育资源的规模效益。在教育城市化之前，农村学校有着布局分散、校点多、学校规模小等特点，在调整之后，解决了“数量多，规模小”的问题，无论在校舍建筑和教学设备等固定资本投入方面，还是在教师、行政管理人员等人力资源投入方面，形成了规模，提高了资源利用效率，实现了规模效益。例如，教师是最重要的教育人力资源，教育资源的差异也是城乡教育差异的突出表现。中小学教师信息素养的提升是农村教育城市化的重要着力点之一。农村教育城市化要求关注农村教师的生存和发展困境，加强教师队伍素质建设，因此有利于缩小区域之间、城乡之间的教师素质结构差距，转化劣势，改善地域、城乡差异。

农村教育城市化，有利于实现教育均衡发展和促进教育公平。无论是在硬件设施还是软件设施方面，农村学校都无法与城市学校相比。因而要注重教育不公的问题，加大财政投入。在城市化发展的背景下，让农村孩子接受与城市里的孩子相等的教育，在一定程度上实现教育的均衡发展和教育公平。

农村教育城市化，有利于提高农村教育质量，适应农村城市化发展的要求。农村教育城市化是提高农村教育教学质量的必然要求。有些学校音乐、体育、美术等课程就一个老师，学校校长兼班主任管后勤的并不少见，一般教师在校教四门课程的很普遍。实行农村教育城市化，必然会把专职教师从繁杂的管理事务中解脱出来，使其集中精力从事教育教学。农村学校布局调整，交通更加便捷；加大政府对农村办学的大量财政支持，国家鼓励大学生下乡支教等一系列政策的实施，这些都促进了教育教学质量的提高，适应了农村城镇化发展的要求。①

（二）建设基教园区的意义

1. 缩小城乡教育差距，推进义务教育均衡发展

均衡发展是义务教育制度的本质要求。国外义务教育均衡发展有两

---

① 马宗虎，南国良．统筹城乡发展推动郊区农村教育城市化［A］．见统筹城乡发展北京论坛论文集［C］，2004

种运作模式。一种是福利化公立学校均衡发展模式。如欧洲多数国家和阿拉伯国家，政府在社会事业全面福利化的政策框架内，将所有公办学校费用都包下来，甚至将免费教育延伸至学前教育和大学教育。日本和韩国则推行义务教育“平准化”政策，公立学校财政支出全覆盖，城乡学校建设同标准，既无薄弱校，也无豪华校。另一种是公立学校均衡发展兼顾选择模式。如美国，主要体制模式是在保证基本公共教育服务充分供给前提下，适应不同阶层的选择性需求。发放教育券给公民自由选择的权利，并设立特许学校和磁石学校满足不同的教育需求。无论哪种模式，其共同点在于政府全额负担公办学校支出，提供免费程度不同的义务教育，保证基本入学机会公平。

我国的教育失衡问题突出表现为城乡之间教育发展的不均衡。集中建设一县的基础教育园区，将农村教育的主阵地由乡村逐步转移至办学条件相对优越的城镇地区，把县城所在城镇逐步变为一县基础教育的主阵地，能最大限度地缩小城乡教育差距。首先，基教园区有利于分解县办完全中学（往往也是重点中学）过重的招生负担，同时也有助于打破其一枝独秀、唯我独尊的垄断优质生源的地位，避免好的更好、坏的更坏的恶性循环，形成多校并存、合理竞争、相互促进、良性循环的局面。其次，教育园区有利于稳定教师队伍，提高农村基层教育质量。教育质量提高根本上说依赖于教师。教师是否安心、卖力、全身心地投入本职工作，又有赖于他们基本的工作条件和生活环境状况的改善。如前文所述，由于农村学校工作、生活条件差，教师队伍不稳定，好教师外流严重，是个极为普遍的现象。不解决这个难题，农村教育质量很难提高。让教师入城，改善他们的工作、生活条件可以很好地解决这一难题。在教师的工作环境、生活条件改善之后，再逐渐提高他们的薪金福利待遇，教师的问题就可以大大缓解，也有条件吸纳优秀大学毕业生来校工作。①基础教育园区借离乡进城的手段，达到城乡教育均衡的目的，为完整意义上的城市化及城乡一体化创造条件，从而最终实现“乡村化—城镇化

---

① 李期，吕达．关于农村教育城镇化的可行性探讨［J］．延安大学学报（社会科学版），2010（1）

—城市化”的战略转移。①

2. 发挥资源聚集效应，优化教育资源配置

从经济学的角度，基教园区能发挥强大的聚集效应。聚集效应是指由于经济活动和相关生产设施的区域集中而形成的正外部性以及规模和范围经济。基础教育园区的聚集效应包括规模经济和范围经济两方面。规模经济是各种经济要素和资源的集中或彼此作用所带来的收益，是综合要素生产率的提高。它不仅体现在经济收益，更体现在生产力的集约化布局和资源的集约化使用的有机结合方面。② 范围经济是指由厂商的范围而非规模带来的经济，也即是当同时生产两种产品的费用低于分别生产每种产品所需成本的总和时，所存在的状况就被称为范围经济。只要把两种或更多的产品合并在一起生产比分开来生产的成本要低，就会存在范围经济。

基础教育园区可以实现规模经济和范围经济。首先，教育园区能节约建设资金，充分利用有限的教育投入。园区不仅可以扩大办学规模，还能减少政府、学校、社会投资者的投入，将分散在各学校的投入集中起来，避免了“撒胡椒面”式的投入方式，将有限的资金集中起来，发挥最大的效用。其次，教育园区能实现各种教育资源共享，提高资源利用率。教育园区的各种教育资源，无论是图书馆、运动场等硬件资源，还是优秀教师、好的管理方式等软件资源都可以实现共享，提高资源的利用率。

3. 发挥资源聚集的辐射效应，促进经济社会和谐发展

教育园区的辐射效应是指以园区为基点，带动周边的诸如餐饮服务、交通运输、房地产业等相关行业的兴起与发展。教育园区为农村孩子进城读书提供了便利的条件，孩子进城读书，往往也有一部分父母一起陪读，那么实际进城人数就不是单个，而是两个、三个，这将直接带来城

① 胡俊生，李期．城市让教育更美好——再论城镇化进程中的农村教育［J］．当代教育与文化，2012（6）

② 祁金立．城市化聚集效应和辐射效应分析［J］．暨南学报（哲学社会科学），2003（5）

镇人口的增加，从而对所在城镇的生活产生影响。因此，教育所带来的经济效益并不在其本身，而在于教育产业链及其附加产品，如餐饮、图书、教育培训、交通运输以及其他与教育相关的信息、地产等。这些要素市场的发展不但能壮大区域核心产业，而且具有集聚辐射功能，由此带动城市土地和空间集约化利用，从而促进新城开发、旧城改造。

（三）任县基教园区的建设经验

1. 科学规划，着眼长远

首先从总体战略上形成了走农村教育城市化发展道路的指导思想；其次在具体工作上，明确了加大城区学校建设力度和加强农村标准化学校建设两大目标任务，旨在通过加强硬件建设，有效解决城区中小学就学压力大和农村学校办学水平低等突出矛盾和问题。从这个意义出发，一方面抓住改善农村学校办学条件不放松，同时决定集中力量在县城建设教育园区。

2009 年县委、县政府出台了多个相关文件，从政策上对建设教育园区给予大力支持，从县城总体规划上把最好的位置和地段留给教育园区。县教育部门从科学规划入手，从任县未来一个时期经济发展的客观要求出发，按照标准化、规模化、集中化办学要求，把学前教育、义务教育、特殊教育、教育科研、教师住宅、体育活动场地等项目统筹考虑，最大限度地整合资源，达到既合理利用土地又与县城总体规划有机结合的目的。

园区以横贯县城南部的育才街为轴线，分为南北两大部分：北面为占地面积 1000 余亩的基础教育园区，自西向东，共分为四个板块，第一部分为占地面积 200 亩的河北省重点示范性高中——任县中学；第二部分为占地面积 240 亩的综合性体育馆区；第三部分为占地面积 230 亩的农村教师安居工程——东方书香园项目，规划建筑面积 20 万平方米，规划总投资 2.6 亿元，可提供千余套教师安居工程住房；第四部分为中小学及教科研区，占地面积 330 亩，建设内容包括 2 所 12 年初级中学，2 所县直小学，1 所标准化幼儿园，1 所县级特殊教育学校，1 个教科研中心，

1个青少年活动中心和标准化运动场，建筑面积10万平方米，加上各种配套设施，预计总投资将达2.8亿元。建成后，可容纳学前教育、义务教育、特殊教育学生7000人。育才街南面还规划了与基础教育园区相对应的职业教育园区。

教育园区鸟瞰

任县教育园区全景图一

任县教育园区全景图二

任县教育园区——学校和教科研中心全景

教育园区一角

运动场

第四中学

任县第二中学

县直第一小学

幼儿园

2. 统筹部署，稳步推进

上级重视。从2010年4月份教育园区建设全面启动以来，各级领导多次来教育园区视察，对园区建设给予了高度的重视。

通力合作。为了确保教育园区项目早开工、早见效，规划、国土、发改、环保、建设、财政、审计、监察等有关职能部门和有关乡镇村在涉及土地、规划、立项、环保等前期手续等方面，该减就减、该免就免，为教育园区建设大开绿灯，全县上下形成了一盘棋工作格局，为教育园区规划的顺利实施奠定了坚实基础。

东方书香园鸟瞰图

东方书香园东大门

阳光工程。在教育园区建设中，除了大量的学校基础设施建设项目外，还有一项很重要的建设内容——占地面积230亩的教师安居工程——东方书香园项目。在充分调查教师购房需求的基础上，共规划设计了41栋教师安居工程住宅楼，可容纳1100余名教师入住。县委、县政府为确保教师买得起房，通过政府调控地皮价格和开发商让利等手段，使教师购房每平方米均价比同期其他开盘的小区低500元左右。

3. 影响深远，助力和谐

任县教育园区并不是把小学、初中、高中等教育机构简单地叠加、堆砌，而是充分整合教育资源，优化教育资源配置，发挥教育的聚集效应及辐射效应，使各类学校能够共享有限的教育资源，最大限度地缩小城乡之间、校际之间教育的差异，使更多的孩子享受到优质的教育，从而促进全县教育均衡发展。

教育园区建设同城乡一体化进程结合。邢台市委、市政府提出了构筑“一城五星”的大城市构架。实施中心城市带动以来，任县的区位优势日益凸显，但公共设施配套不到位、城市功能不完善等问题，制约着城市的发展。综合性教育园区以宜居、生态、环保为目标，县委、县政府又把公共交通、商贸、卫生等内容融合进来，为今后在居住、入学、就医、购物、体育健身等方面提供方便，使县城城市化功能进一步完善，城乡一体化进程进一步加快。

教育园区东南角

教育园区西南角

任县教育园区全景

教育园区建设同城市化发展相结合。教师住宅，县直小学、初中、幼儿园和教科研中心、体育场等教育园区内的建设项目，经过高标准的规划设计，都推进了城镇面貌的"大变样"，如今的任县教育园区已成为县城东南部的一道亮丽的风景线。

教育园区建设同加快县域经济发展相结合。教育既是事业，又是产业。教育事业的发展能够促进诸如餐饮服务、交通运输、房地产业等与教育行业有关的产业的迅速提升，最终实现教育发展与城市建设统筹规划，从而促进县域经济快速发展。

教育园区附近公交车站

教育园区附近商铺

三、“一个重点”统筹教育投入规范管理

教育经费要突出保障重点，加强薄弱环节，提高使用效益。

——2012年两会《政府工作报告》

（一）整合专项资金，提高资金使用效益

专项资金是指财政部门或上级单位为落实党和国家有关方针政策，拨给行政事业单位，具有专项用途，用于完成专项工作任务，为促进相关事业发展而设立的专门资金。在管理上要求专款专用，按项目单独核算。但是，随着形势的发展和变化，这一特性和要求，却被片面地理解，在某种程度上给财政专项资金科学使用和管理带来了一定的问题。一是财政专项资金安排零星分散。各职能部门都有各自的工作目标，都强调自身工作重要，相互之间缺乏统一规划，各唱各的调，各吹各的号，“资”出多门，“条条”管理，造成了大量低水平建设，财政资金被分散使用，有限的财力资源被肢解，“撒胡椒面”现象较为严重。二是财政专项资金使用重形式、轻效益。由于片面强调“专款专用”，专项资金使用单位和管理部门在发挥资金使用效益上主动性不足，“不越雷池一步”，对专项资金的整合缺乏研究和实践，产生了许多规模小、效益低的“黑胡子”工程，低水平、重复建设现象时有发生。三是财政专项资金管理部门多，统筹协调难。各部门几乎都有直接管理的专项资金，项目申报各自为政，管理方式方法多样，下达形式各异，政出多门，各自为战，造成统筹协调难。四是财政专项资金绩效考核难以实施。由于大多数专项资金被分散使用，有的只是短期行为，难以形成规模效益，因此考核

目标难以确定，绩效考核工作难以开展。

近年来，随着各级教育投入的不断加大和中小学布局的优化调整，农村中小学教育专项资金数量越来越大，项目种类越来越多，划分越来越细，闲置资产越来越多，但在项目资金投入使用和资产合理利用中，仍然存在着缺乏统一规划、项目多头管理、资金重复投入、数量小而多、资产产权界定不清和处置难等问题，严重影响着教育专项资金效能的发挥和教育资产的有效配置。任县在有限的教育投入的情况下，充分认识到教育专项资金存在的种种问题，2006 年在没有政策依据的情况下率先开展了教育专项资金的整合工作，将“中小学布局调整、新农村卫生新校园、农村初中校舍改造、寄宿制学校建设”等专项资金捆绑使用，集中财力办大事，率先建设一批农村示范校，做到了“建一所，成一所；建一所，亮一所”。近年来，任县加大项目学校建设力度，校舍维修改造、中小学布局调整、寄宿制、明德小学等项目全面实施。三年来，全县累计投资 8000 万元，建设项目学校 35 所，总建筑面积达 42200 平方米。同时，任县中学新校区建设也在进行中，投资 2049 万元的教学楼、实验楼、综合楼、餐厅楼等项目全部完成投入使用，并通过了省级示范性高中验收。任县准确把握了形势，解决了面临的问题。

达二新星小学

甄庄明德小学

相关链接

陕西省大荔县教育专项资金板块整合试点

2007年，陕西省开展了教育专项资金板块整合试点。2009年，陕西省大荔县被省财政厅列为教育专项资金板块整合试点县。两年来，大荔县按照“统一规划、项目管理、捆绑使用、整县推进、渠道不变、各计其功”的原则，以农村中小学布局调整为平台，以建章立制为基础，以项目建设为核心，以强化监督为措施，按照规划集中投入，合理配置教育资源，扎实开展了教育专项资金板块整合工作，提高了教育整体发展水平，为促进教育事业均衡发展起到强有力的推动作用。两年来，大荔县整合省市财政教育专项资金15967万元、县级配套资金4030万元、处置盘活教育资产1400万元，共计整合各类财政教育专项资金21397万元，先后实施了“中小学校舍安全工程”“农村中小学生活设施改造”“中小学基础设施改造加固”及原大荔师范学校有偿置换办同州中学等项目，切实改善了中小学校舍安全条件、基础生活设施条件，解决了校舍严重不足等问题，有力地促进了寄宿制标准化学校建设，缓解了城区“大班额”现象，优化了基础教育布局，基本实现了布局合理、条件改善、质量提高、差距缩小、群众满意的目标。共实施校舍安全工程73605平方米，新建洛滨中学校舍40972平方米，消除危漏校舍22930平方米，改造中小学生活设施16个，覆盖学校52所，惠及农村中小学学生40230人。

机构整合。结合整合工作需要，大荔县县委、县政府撤销了原中小学布局调整领导小组、中小学教育资产处置工作领导小组，归并成立了以县长任组长的教育专项资金板块整合工作领导小组，全面强化对教育、财政、经发等部门和教育专项资金板块整合工作的组织领导，为整合工作开展提供了有力的组织保障。制定并下发了《大荔县教育专项资金整合方案》，明确整合的领导机构、工作机构、方法步骤、整合范围、部门职责等内容，实行重大问题成员单位联席会议制度，及时协调解决工作中存在的困难和问题，保证了整合工作整体平衡推进。同时，强化绩效考核，将教育专项资金板块整合工作纳入部门年度考核内容，年终对项目完成情况、执行整合政策情况进行考核，严格兑现奖惩，确保了教育专项资金板块整合工作顺利进行。

规划整合。近年来，随着县域经济发展和城镇化的推进及人口出生率的下降，出现了农村中小学部分闲置、城镇义务教育资源相对短缺的结构性矛盾，成为影响教育事业持续均衡发展的突出问题。为此，大荔县以开展教育专项资金板块整合为契机，对全县所有学校的地理位置、办学规模、资源配置、办学质量等情况进行了全面调研，制作了全县中小学布局调整电子地图，直观反映全县保留学校的分布情况和覆盖范围，经过专家论证和广泛征求社会各界意见，制定了《大荔县农村中小学布局调整工作实施意见》，经县政府常务会议通过后下发执行。明确提出用三年时间，撤并中小学243所，占原有学校的64.6%。到2011年年底，全县共保留学校133所，初步实现了“布局合理，规模适度，结构优化，办学效益和教育质量较高”的调整目标。在优化布局的基础上，坚持“资金跟着项目走，项目跟着学校走”的原则，把整合项目建设规划与学校布局调整相结合、与中小学校舍安全工程相结合、与寄宿制学校建设相结合、与“两基”的巩固提高工作相结合，以城区学校及农村重点初中、中心小学建设为重点，打破乡镇界限，编制了全县统一的教育整合基本建设项目库，所有项目实施统一审查、统一上报、统一下达、统一实施、统一验收。目前共有储备项目133个，规划总投资6.59亿元，已实施建设项目84个。通过调整优化布局和实施项目推动，为教育专项资金整合投放提供了准确定位，实现了全县教育资源的科学配置和合理利用，避免了重复建设和铺张浪费，初步建立了全县教育事业持续均衡发展的新机制。

资金整合。依托教育专项资金板块整合平台，按照“县级财政拿一块，统筹整合出一块，上级争取要一块，教育资产处置补一块”的总体思路，统筹财力不断加大教育投入。在纵向上实现中、省、市县、社会资金的整合；在横向上实现财政、教育、发改、文化等资金的整合。一是加大县级财政投入。在确保教育经费法定增长的基础上，优先安排教育整合专项资金和教育项目财政配套资金，统筹使用民生工程、“三奖三管六保障”等资金支持教育事业发展。2009年，全县教育投入达到3.01亿元，比2006年翻了一番；2010年县财政用于整合的专项资金达到3060万元，较2009年增长78%。二是统筹整合教育专项资金。面对长期以来教育资金条块分割，项目建设“零敲碎打”，教育资源发展小均衡等问题，将财政、经发、教育、民政、团委、妇联等部门教育方面的专项资金、转移支付资金、捐助资金全部纳入整合范围，实施财政专户管理，2010年整合上级各类教育专项资金8567万元，有效解决了教育专项投入“各自为战”和项目重复建设等问题，进一步优化了公共财政资源配置。

资产整合。将教育专项资金板块整合与教育闲置资产整合相结合。针对学校撤并后出现的大量教育闲置资产，深入调研，摸清底数，建档管理，制定并下发了《大荔县中小学教育资产处置办法》，按照依法处置、教育优先的原则，将撤并学校的闲置资产通过无偿划拨、置换、拍卖、转让等形式盘活，处置收入全部划入教育专项资金整合专户，实行“收支两条线”管理。2010年安排将原羌自、玛村、两宜等高中可盘活资产全部用于县城同州中学基础设施项目建设；利用原陕棉十三厂子校校址，在城区新建标准化幼儿园一所；整合乡镇富余校舍和生活设施资源改扩建乡镇中心幼儿园5所。通过整合，既实现了教育闲置资源的合理利用，又有效解决了教育投入不足问题，初步建立了多渠道的教育投入机制，保证了教育投入持续稳步增长。

科学监管。一是严格财政管理。制定下发了《大荔县关于加强行政事业单位财政财务管理工作的意见》，对所有财政性资金实施统一规范管理。凡是纳入政府采购目录的学校采购项目，必须按程序办理政府采购手续，实行政府集中采购；对学校的各类收费及其他收入，严格按照“收支两条线”进行管理；教育资产管理，采用学校建“卡”、财政所建“账”的方式，“账”“卡”同步，做到了账账相符、账卡相符、账实相符，从制度上杜绝违规行为发生。二是全面推行教育经费“会计集中核算”。建立教育经费预算管理制度、备用金制度、校长审签负责制和报账制度，保证了教育经费科学合理使用。三是规范项目资金管理。严格执行项目管理部门领导负责制、项目法人责任制、工程招投标制、跟踪问效制，实行整合项目资金拨付直通车，资金直接拨付项目施工单位或供应商，确保教育专项资金安全高效使用。

从该县整合专项资金的实践可以看出，首先，强化县级统一领导，注重部门协调是整合工作顺利开展的关键；其次，统一规划稳步推进，注重计划衔接是整合计划科学可行的保证；再次，多种方式整合资金，积极推进板块开发是扩大整合效应的发展方向；最后，积极盘活闲置资产，合理利用教育资源是解决整合投入不足的有效方式。两年来，大荔县整合试点工作在机构建设、整合管理、项目实施、资产盘活等方面取得了初步成效，但由于各种因素的制约和影响，目前仍面临以下几个方面的问题和困难。(1) 教育项目管理方式需要改进。目前虽然开展了教育资金整合工作，制定了规划，但绝大多数资金上级仍以项目的名义下达，县级的自主权较小，影响了工作的积极性。同时，由于项目批复时间过长，错过了项目实施的最佳时间，影响了项目的实施进度，在一定程度上影响资金整合工作的顺利开展和绩效。要想增强整合效应，积极整合归并省市教育专项资金类别，前移项目申报时间，创新项目资金下达方式就显得尤为必要。(2) 农村小学资产产权难以界定。农村税费改革前，原农村小学建设属于民办公助性质，其资金来源于乡镇统筹、村级提留、村民筹资投劳、财政补助（含债务化解），校点撤并后，学校资产的投资比例和产权问题难以界定，要采取出租、转让、置换、出售等处置方式，实施主体难以确定，执行阻力较大，有的学点已经出现村级组织自行出租、出售等现象，造成了部分资产流失，迫切需要制定出台具体的处置实施细则，既利于盘活资源发展村级学前教育，又能保证国有资产保值增值。(3) 现行体制影响整合进程。由于目前管理体制的影响，项目的申报和下达途径较多，管理办法条块分割，县级资金整合仍主要是财政资金和发改资金，其他部门的资金量较少，缺少制约机制，协调难度大，与整合管理要求还有一定差距，客观上也加大了整合工作的难度，近阶段只能靠行政推动来进行，长期必须在深层次上通过改革体制和建立机制来完成。

——节选自张红林等《健全机制强化管理，全力促进教育专项资金板块整合》

（二）争取政府的支持，加大财政投入

2001年5月29日，国务院颁布《关于基础教育改革与发展的决定》，提出了农村义务教育管理新体制，即“在国务院领导下，由地方政府负责，分级管理，以县为主”的体制。这一体制重申了发展农村义务教育是各级政府义不容辞的责任，明确了中央、省、地、县、乡各级政府对农村义务教育的责任，强化了各级政府特别是县级政府对农村义务教育管理和投入的责任，可简称为“以县为主的管理体制”，其具体含义是，除了国家、省、市对农村义务教育应尽的责任和义务外，县级人民政府对本地农村义务教育负有主要责任；要抓好中小学的规划、布局调整、建设和管理，统一发放教职工工资，负责中小学校长、教师的管理，指导学校教育教学工作。2002年4月，国务院办公厅又专门印发了《国务院办公厅关于完善农村义务教育管理体制的通知》，进一步明确了各级政府责任，提出要加强对农村义务教育的领导和管理，并对经费保障机制、人事编制管理制度提出了具体意见。2003年9月19日，在全国农村教育工作会议上，国务院颁布《关于进一步加强农村教育工作的决定》，再次强调要落实“以县为主”的农村义务教育管理体制，县级政府要切实担

负起对本地教育发展规划、经费安排使用、校长和教师人事等方面进行统筹管理的责任。因此，对于教育部门，争取县政府的支持对发展义务教育是非常重要的。①

任县的教育发展争取到了政府的大力支持，在认真贯彻落实《义务教育法》，做到教育投入的逐年增长，按照省定标准足额落实义务教育预算内生均公用经费的同时，将农村税费改革专项转移支付资金的20%作为专项经费用于中小学改善办学条件及补充公用经费。县财政预算安排每人不少于30元的教师培训经费。落实上级优先发展教育的各项政策措施，依法足额征收城市教育费附加，并严格按规定用途使用，不得随意减免。从城市维护建设税收入中提取7%～10%用于中小学校舍建设。县城新建住宅小区要收取每平方米40元的学校建设配套费，用于配套建设中小学及幼儿园。安排一定比例的土地出让金用于教育。各级各类学校闲置的土地、房屋及其他建筑物，经国资部门批准后，由县教育行政部门负责处理，处理后所得收益一律用于教育。对学校建设工程需交纳的县内规费，各有关收费部门要给予减免。鼓励县域内外社会组织和个人捐资助学。健全义务教育阶段贫困家庭学生资助体系，要求财政、教育部门搞好摸底调查，编制计划，做好准备工作。完善以助学贷款为主，奖学金、勤工助学、特殊困难补助、学费减免等项配套措施，县财政安排相应的助学贷款贴息专项资金，资助高校贫困家庭学生学习。鼓励支持企事业单位、社会团体和个人设立奖学金或直接对贫困家庭学生进行资助，开展“希望工程”“春蕾计划”等经常性公益资助活动。

发放贫困寄宿生补助

① 曾以禹．农村义务教育财政投入研究——财政投资失衡与投资责任主体确认［D］．北京：中国农业科学院，2006

四、“一个标准”统筹配置城乡办学条件

如果一个国家内部区域性的差别和国家与国家之间的差距阻碍着世界的发展，那么唯一合理的解决办法就是竭尽全力教育条件较差的人们，教育农村地区和条件较差国家的人民。

——联合国教科文组织《学会生存——教育世界的今天和明天》

就县一级行政区域而言，教育均衡发展主要是指城乡之间、学校之间的教育资源配置是否均衡，每个学生接受教育，特别是接受优质教育的权利和机会是否均等。政府提供的办学条件要基本一致，学生入学机会要基本平等，学校的竞争环境要基本公平，这是教育均衡发展的三个基本要义①。学校办学条件是学校各项既得资源中最为直观的表现，它反映的是一个学校教育资源存量的差异。硬件办学条件的达标是促进基础教育均衡发展的重要平台，也是实现教育过程公平的重要评价指标。全面改善薄弱学校的基本办学条件，推进义务教育学校标准化建设，不让农村家庭孩子输在成长“起点”，既是守住“保基本”民生底线、推进教育公平和社会公正的有力措施，也是增强农村地区发展后劲、缩小城乡和区域差距、推动义务教育均衡发展的有效途径。

（一）农村中小学标准化建设

著名经济学家舒马赫曾经指出：农村贫困的原因在于农村的教育、

① 教育部基础教育一司，中国教育科学研究院，国家教育咨询委员会义务教育均衡发展工作组．2010—2012 义务教育均衡发展·县域实施［M］．北京：教育科学出版社，2012

组织、纪律等方面存在缺陷，对于农村援助的当务之急是加强对农村的智力援助，也即发展农村教育。而发展农村教育首先离不开教育投入的支持，教育投入问题涉及投入的总量和使用效率两个方面。农村义务教育投入总量不足问题仍然十分突出，但随着社会经济的发展，教育投入总量不足的问题会逐步得到解决，随之而来的是教育投入是否具有效益的问题。目前，教育投入的低效益集中表现在学校建设上。大的中心城市有的投资几个亿建超豪华学校，落后地区的学校有的连基本办学条件也不具备，在勉强完成“普九”任务后已无力进一步提升办学水平，与城市差距明显。学校建设巨大差异的根源之一在于我国缺乏一个统一的学校建设标准。①

标准化学校是指在义务教育领域内根据法律规定，确保基础教育大体拥有均衡的物资条件和师资队伍条件的规范化学校。② 当然，均衡不是平均，一体化不是一样化，标准化不是模具化。建设“标准化学校”并非千校一面，而是要在办学条件基本均衡的前提下凸显学校特色，促进学校间公平、良性竞争，以提升学校的办学积极性，增强教育活力。

1. 农村中小学标准化建设的意义

(1) 农村中小学标准化建设是发展农村义务教育的落脚点与突破口

义务教育的本质特征要求学校建设要有一个相对一致的标准，因此国家必须为所有受教育者提供相对统一的学校教育，否则国家的教育意志无法得以体现和实现，而不均衡发展的义务教育也不是真正意义上的义务教育。由于目前我国农村义务教育阶段学校的巨大差别违背了义务教育的“平等”原则，也因此损害了受教育者在入学机会、受教育条件以及最后教育结果等方面的平等权利。在我国，义务教育属于基础教育，基础教育均衡化首先表现为义务教育的均衡化，而学校建设的标准化正是义务教育均衡发展的突破口。

---

① 杨兆山，张海波．标准化学校：教育均衡发展视角下农村义务教育的发展路径［J］．东北师大学报（哲学社会科学版），2008（1）：24—29

② 杨兆山，金建设．“标准化学校”搭建义务教育均衡发展的操作平台［J］．东北师大学报（哲学社会科学版），2005（5）：38

就标准化学校建设的现实意义而言，标准化的基本要素与教育公平的理念和义务教育的要求之间存在一定的迫切性。相对于等级化学校而言，标准化学校建设有质和量的意义：质的意义在于，义务教育阶段标准化学校建设强调同一区域内部同级同类的不同学校之间的教学品质不应存在等级上的区别；而量的意义则在于，不同区域的同级同类学校之间的教学基本条件不应存在层次上的差异。① 量是质的基础，只有在满足基本的办学条件后才能有机会提高教学质量，才有可能实现真正的城乡教育一体化、农村教育城市化。

（2）办学硬件是农村基础教育发展的前提条件

办学条件是一个学校生存发展的前提。一个学校无论是在城市还是在农村，都应该具备最基本的教育教学所必需的办学条件，而落后的办学条件会使学校陷入生存困境。② 促进义务教育均衡发展最基本的条件就是办学条件要保持大致的均衡。推进学校标准化建设，促进义务教育均衡发展，建立健全义务教育均衡发展的保障机制已经成为日益重要的问题。

从根本上讲，义务教育阶段的学生应该有相对平等的受教育机会、受教育权利和教育资源，但是由于历史、现实原因，在农村地区无法达到这个要求。很多农村地区学生享受不到同等的教育资源，甚至连基本的受教育机会都无法保证。制定出明确的办学条件，包括办学规模、基础设施等在内的办学标准，是改善农村义务教育阶段学校办学条件及促进农村义务教育发展的必然选择。优化当前农村地区已有的教育基础设施，实现区域范围内教育硬件资源结构性的质变，是当前条件下实现农村地区义务教育发展的必然途径。

（3）农村中小学标准化建设适应农村城镇化发展需要

从经济学角度看，经济发展、工业化、现代化的过程，从某种意义上讲，就是自然经济状态的农村不断衰退，城镇不断发展的过程③。经济

---

① 何忠盛．西部农村标准化学校建设中的资源优化研究［D］．四川师范大学硕士学位论文，2008

② 同上。

③ 范先佐．农村中小学布局调整的原因，动力及方式选择［J］．教育与经济，2006（1）：26

结构、社会结构变化一个重要的方面就是越来越多的人生活在城镇，而非传统意义上的农村。人口向城市集中是城市化进程中人群在空间分布上最显著的变动特征，与此相关联的是公共资源向城市的积聚，由此形成一个由城市到农村、由中心到外围的公共资源丰富程度顺次递减的梯级结构，在这两种因素的共同作用下，远离城市、城镇的学校衰变成为必然。而校网调整，改善农村学校的办学条件其实就是对这一自然进程的积极应对。

建设标准化学校作为“农村教育城市化战略”的重要组成部分，有利于农村教育质量的提高，缩小城乡教育发展水平上的差距，最终将适应任县农村城镇化发展需要。

（4）农村中小学标准化建设是提高教育资源利用效率的重要途径

农村学校建设标准化对于教育资源利用效率最重要的影响是将教育资源的增量部分用于相对集中的标准化学校。从中长期看，必然会使教育资源发挥较为长远的效应，农村学校建设标准化将有利于缩小教育发展的差距，促进教育均衡发展，扩大优质教育资源。同时对于提高教育资源的利用效率，实现规模效益，具有重要的意义。①

2. 任县农村中小学标准化建设面临的挑战

和全国许多农村县市一样，“点多、面广、规模小、资源分散、优质教育资源匮乏，教育发展不均衡”曾经是任县教育的基本状况。学校之间办学条件的不均衡更是达到“极致”。城区学校普遍配备了电脑，而农村学校办学条件相当落后，很多教室的房子是破旧的土坯房而且没有玻璃，只能靠钉一些塑料布抵御风寒，教室内的桌椅也是残缺破损的，冬天取暖还是沿用不安全的土炉子，还有许多学校的实验课没有条件开设，也缺少基本的图书资料，更不要提电脑、多媒体等一些现代化的教学设备。这些原因导致很多孩子不愿意就近入学，而选择外区县条件好的学校上学，任县整体招生人数下降。而且很多农村教师流失，很多大学毕业生不愿意到农村做教师，其中很大一部分原因就在于任县农村学校的

---

① 贾月明．义务教育阶段农村标准化学校建设模式的研究［D］．东北师范大学硕士学位论文，2008

办学条件较差，教师不能全身心投入到教学中，这样就无法提高教师队伍的素质，从而导致教学质量下降，2006年在邢台市教育督导评估中任县排名倒数第一。

任县是一个典型的农业大县，近几年随着工业化不断发展，经济水平不断提高，城镇化步伐不断加快。然而城镇化不是一个突变过程，而是一个渐进过程。一方面，不能将农村学校全部集中到城区建设巨型学校，否则会出现因规模过大带来的学校管理压力大、学生安全隐患多、农村社区文化传承遗失等问题，更会导致城区教育资源紧张和农村教育资源短缺并存的结构性浪费，使得多年以来对农村教育的投资付诸东流。另一方面，又不能不采取措施改变农村学校办学条件落后的局面。

3. 任县标准化学校建设的对策

通过深入基层学校调研和局领导班子成员反复研究论证，任县教育局根据国家大力发展农村教育的形势，结合本县实际，创造性地提出了“瞄准城市，着眼未来，实施农村教育城市化战略，全面提高教育教学质量”的奋斗目标，并将其作为今后一段时期的工作指导思想。坚持“突出重点，分步实施，以评促建”的原则，以“全面提升办学水平，提高教育教学质量”为目标，依据标准化建设农村学校。针对农村学校办学条件普遍落后的现实，任县教育局把硬件建设作为突破口，努力为农村孩子打造具有城市化水平的良好硬件设施。

（1）农村中小学适当向城镇集中

任县统筹规划全县中小学建设，按照“一个标准”新建多所农村学校，合理规划学校布局，使得农村中小学适当向城镇集中。2009—2011年中，新建甄庄明德小学、辛益小学、第一实验小学、永福庄中学、永五小学、达一小学、穆口小学综合楼、吴家庄社区第一小学教学楼、北定小学实验楼等多所农村学校。

（2）加大学校装备投入

为了让农村孩子享受跟城市孩子一样的教学设施设备，任县加大学校装备投入力度，使教学设备设施实现省级标准化配备，学生的生活条件比原来也有很大的改善。任县先后投资4000多万元为中小学配备了先进的理化生实验室、仪器室、探究性实验室；10 所中小学建有标准塑胶跑道。2013 年，又投资 1200 多万元让全县中小学校实现了班班通。2008 年大力实施中小学取暖设施改造工程，全县学校结束了煤炉取暖的历史。目前全县 34 所学校采用锅炉取暖，53 所学校采用空调取暖，28 所学校采用暖气供暖。

美术室

实验室

探究室

学生食堂

新旧固城乡辛益小学对比照

空调取暖

新旧任县邢湾穆口小学对比照

新旧永福庄乡中学对比照

相关链接

“一座房，两座房，青青的瓦，白白的墙……哪座房子最漂亮？要数我们的小学堂。”这首由学生们反复诵读的儿歌，真正成为任县农村学校的写照。任县所辖8个乡镇，走到哪个乡镇都能看到两三所高标准的漂亮学堂。崭新的塑胶跑道，先进的探究实验室、微机室，高标准校园网，漂亮气派的教学楼，成为农村一道道亮丽的风景线。

为了实现城乡教育均衡发展，改善农村办学条件，任县将农村学校建设作为工作的重点，努力为农村孩子打造具有城市化水平的良好硬件设施，围绕“三个集中”原则——高中初中向县城集中，小学初中向乡镇所在地集中，资金投入集中使用，2009—2011年中，新建甄庄明德小学、辛益小学、第一实验小学、永福庄中学、永五小学、达一小学、穆口小学综合楼、吴家庄社区第一小学教学楼、北定小学实验楼等农村学校。

节选自《乘风破浪扬帆进——任县教育督导评估汇报专题片》

(3) 专项资金集中使用

虽然每年国家都会针对不同的项目给任县拨款，但额度都不大，通常只有几十万元，而建设一所标准化学校需要资金500万～800万元，靠一两个项目资金是远远不够的，但项目资金管理特别严格，绝不能随意窜动。很多项目是以“空间定位”和“扶持最弱”为联合特征的“补丁政策”，这与中国社会双重转型引起的城市化进程这个更为基本的社会发展总体趋势是背离的，导致“反差距”政策的孤立化而不能有效整合其他社会资源。

为了让这些资金发挥更多的作用，任县坚持统筹兼顾、科学规划，不搞小而散的“添油战术”“补丁政策”工程，认真研究教育政策，敢于推出超前举措。2006年，在没有政策依据的情况下，将“中小学布局调整、新农村卫生新校园、农村初中校舍改造、寄宿制学校建设”等专项资金捆绑使用，集中财力办大事，率先建设了一批农村示范校，力争做到“建一所成一所，建一所亮一所”的目标。同时教育局积极主动地向主管项目资金的部门解释说明，争取支持和理解。而后来国家的政策批示下来可以将资金捆绑，任县也因此被评为“河北省教育工作先进县”。

几年来，任县将农村标准化学校建设工程与中小学布局调整工程、明德项目工程、中小学校舍安全工程、危房改造工程、中小学校校园安全保卫设施建设项目等结合起来，高起点规划，高标准建设，努力发挥资金的最大效益。自2006年以来到2013年年底，包括新建、改扩建中小学（含幼儿园）校舍和配套设施建设，全县项目学校建设共计投资2.73亿元，涉及项目177个，其中中小学建设项目115个，投资19971万元；新建、改扩建幼儿园项目62个，投资3853万元；自筹资金3475万元，涉及维修改造学校70所。2013年年底已完成全县70所中小学标准化建设。同时积极做好实验室、微机室、音体美器材、图书等方面的装备工作，全县农村学校的办学条件有了突破性的改善，有些地方的装备标准甚至高于县城标准。2013年年底，投资1200多万元为全县学校均安装交互式电子白板、多媒体教学一体机等现代化教育信息设备，实现了中小学“班班通”。物质资源的均衡配置，为实现义务教育均衡发展奠定了坚实的基础。据统计，除个别学生外全县农村中小学生基本在本地就近入学。

现在，任县当地尤其是农村地区最漂亮的建筑大多是学校，校外碧野环绕，校内绿树成荫。特别是近几年新建、改建的校舍，风格雅致，窗明几净，彻底改变了过去“土凳子，土台子，坐着一群土孩子”的状况。有学生反映：“现在的校园环境优美，塑胶操场，教室里有空调，冬天不冷，夏天不热。老师课上得好，阅览室、微机室随便进。从过年到现在，我已经读了20多本课外书了。”① 也有家长反映说：“孩子在家门口就能上到与城里一样的好学校，这里有先进的教学设备，高素质的教师，孩子得到了多方面的教育，现在的孩子们真是赶上了好时候！”这一可喜现象证明任县农村办学条件的改善取得明显成效。经过几年来全县艰苦的努力，在办学条件改善的同时，任县教育也由低谷走向先进，连续两年在督导评估综合排名中拿到全市第一，影响力增强，经常有外县甚至外市的来任县参观学习。

---

① 董志伟．让农村孩子享受一流的教育——任县“农村教育城市化战略”探秘［J］．河北教育（综合版），2009（11）：15—17

甄庄明德小学

相关链接

建学校，需要投入大笔资金。而经济欠发达的任县2006年财政收入只有6000万元。钱从哪里来？教育局领导一班人不等不靠，开动脑筋想办法。除取得县领导支持，加大财政投入外，他们还进省城、跑北京，最大限度地争取项目和资金。与此同时，采取集资、贷款、民营企业和村镇赞助等多种办法，广泛筹集资金。他们还认真研究教育政策，敢于推出超前举措。2006年，在没有政策依据的情况下，将“中小学布局调整”“新农村卫生新校园”“农村初中校舍改造”“寄宿制学校建设”等专项资金捆绑使用，集中财力办大事。率先建设一批农村示范校，争取建一所，成一所；建一所，亮一所。“后来，国家政策下来了，允许资金这样使用。当时，我们是冒着很大风险的。”教育局领导说，“但如果不这样做，我们的学校何时才能改变面貌呢？”

就在这一年，任县项目学校建设掀起高潮，校舍维修改造、中小学布局调整、寄宿制、明德小学等项目全面开花。2006—2008年，全县累计投资8000万元，建设项目学校35所，总建筑面积达42200平方米。几乎同时，任县中学新校区建设也如火如荼。投资2049万元的教学楼、实验楼、综合楼、餐厅楼等项目全部完成投入使用，并通过了省级示范性高中验收，更多的农村孩子能够进城享受一流的教育。

在甄庄小学记者看到，2层的砖红色教学楼造型别致，功能齐全。微机室内，30台崭新的电脑排列有序；图书阅览室里，淡绿的书架上摆满了新购的图书；探究实验室内，6个八角形的台桌上放着崭新的仪器；音乐教室里，"星海"牌钢琴闪着漆黑的光泽，架子鼓等乐器放在房间一角。走进一间教室，大屏幕电视上正在播放教学光盘。孩子们的眼睛瞪得大大的，正全神贯注地看节目。"给客人念一段英语故事"，老师一声令下，孩子们稚嫩的童声响起。别说，语音纯正，还真有点牛津英语的味道！

校园一角，一排白色平房上，"新农村卫生新校园工程"几个红色大字很是显眼。"这是我们的沼气厕所"，邢校长介绍说。进入厕所，地面、墙体、厕位全部贴了瓷砖，干净整洁，宽敞明亮。每个厕位旁，有一个不锈钢脚踏器。"这是冲水用的，可以节水。每个厕位都连着沼气池。别小看这个沼气池，它产生的沼气可解决全校400多名师生的饮水问题。"邢校长详细介绍着，语气中透着自豪。

在校园里，记者随机采访了一名女学生。"我们过去的村小是平房，窗户上钉着塑料布，冬天很冷。现在的校园环境优美，塑胶操场，教室里有空调，冬天不冷，夏天不热。老师课上得好，阅览室、微机室随便进。从过年到现在，我已经读了20多本课外书了。"

甄庄小学、达二新星小学、穆口小学等一批高标准、高品质，具有现代化气息的学校相继建成后，为把这些学校打造成全市乃至全省有影响力的名牌学校，县教育局加大了配套设施建设力度。投资30多万元在任城镇中学配备了先进的理化生实验室、准备室、仪器室和探究性实验室；投资45万元为甄庄小学新建了探究实验室和标准塑胶跑道；同时还投资126万元购置了14架钢琴和37台移动多媒体，配备到这些项目学校。

2008年，教育局领导把全县中小学取暖设施改造工程定为"暖心工程"。在校长调度会上，他对各单位负责人说："学生的手冻坏了，我们拿在心口捂热；可学生的心冻坏了，是永远无法愈合的。"在资金缺口很大的情况下，他千方百计克服困难，多方筹措资金，打赢了一场硬仗。全县13所学校采用锅炉取暖，14所学校采用空调取暖，

38 所学校采用土暖气供暖，64 所学校采用电暖器取暖。至此，全县 129 所学校彻底结束了煤炉取暖的历史。

节选自《让农村孩子享受一流的教育——任县“农村教育城市化战略”探秘》

（二）信息化建设

信息技术对教育发展具有革命性影响，必须予以高度重视。

——《国家中长期教育改革和发展规划纲要（2010—2020 年）》

教育发展的根本出路在于改革，以信息技术在教育领域全面运用为核心的教育信息化则是改革的强大动力。教育信息化，是指在教育中应用信息技术手段，使教育的所有环节数字化，从而提高教育质量和效率，形成适应信息社会要求的新教育模式。农村教育信息化一般是指农村学校把现代信息技术、设备等应用于学校教学和管理，使农村教育实现现代化、信息化。①

1. 农村教育信息化建设的意义

转变师生教学和学习方式。信息技术突破了学习围墙，扩展了农村学校师生教学和学习的手段与范围，使师生拥有了获取信息的平等地位，有助于构建师生积极互动的教育新模式。信息技术的深度应用，将会改变既有的教学模式，表现为教材多媒体化、资源全球化、教学个性化、学习自主化、活动合作化、管理自动化、环境虚拟化。② 教育信息化的核心内容是教学信息化，教学信息化就是要使教学手段信息化、教学方式现代化。信息技术的深度应用也会改变现有的学习方式，使教育从以教师为中心向以学生为中心转变，从知识传授为主向能力、素质培养为主转变，从课堂学习为主向多种学习方式转变。信息化环境下的教育将更

① 郝鄢萍，杨学军．制约农村教育信息化的因素与对策研究［J］．特区经济，2013（2）：124—126

② 祝智庭．教育信息化：教育技术的新高地［J］．中国电化教育，2001（2）

加充分满足学生甚至包括老师的多样化与个性化需求，更加体现立德树人的本质要求，实现育人为本、德育为先、能力为重、全面发展，尽力为每个学生提供适合的教育，让每个孩子都能成为有用之才，使教育更加体现以人为本。

共享优质教育资源。任县农村教育信息化建设使农村地区的孩子能够享受到和城市孩子一样的优质教育资源，利用现代化信息技术手段能够让农村学生通过网络了解现代社会变化，利用远程教育享受全国乃至全世界名师课程，有利于提高农村学校的教育质量。而对于像任县这样的农业大县，在广大农村学校实施信息化建设，在教育过程中较全面地运用以计算机、多媒体和网络通讯为基础的现代信息技术，对深化教育改革、实施素质教育、实现城乡教育均衡发展更是具有重大的意义。

缩小城乡教育差距。当前我国地区之间、城乡之间经济社会发展不平衡的问题仍然比较突出，30余万所中小学中相当大的部分分布在农村地区，因地理位置、学校条件、师资水平的限制，教育质量与城市学校有较大差距。教育公平包括教育起点公平、教育过程公平和教育结果公平。① 这三方面公平的实现都需要我们投入大量的人力、财力和物力。而只有实现了教育起点公平，农村和城市学生享受一样的教育，才可能实现最后的教育结果公平。农村教育信息化的建设能够以较低的成本，将优质数字教育资源快速便捷地向农村地区扩散，较快实现优质教育资源共享，辅之以相应的管理措施，可在较短的时间内以较低的投入提高农村学校的教学水平，缩小任县地区、城乡、学校之间的教育差距，是实现教育公平、社会可持续发展最有效、最便捷的途径。

助推农村科技信息化。随着人们生活水平的不断提高，任县现已有80%左右的农村家庭配置了电脑，但对于如何正确合理使用仍是一个很大的问题。农村教育信息化建设充分发挥农村中小学作为农村文化聚集地，教师文化水平高，对计算机及网络等知识接受快、易管理的优势以及中小学生来源分散、好奇心强、接受新鲜事物快的特点，将农村信息化宣传与中小学教育相结合，将农村中小学生培养为农村科技信息化的小

---

① 张人杰．国外教育社会学基本文选［M］．上海：华东师范大学出版社，1989

喇叭，通过学生向父母传播信息知识、传递信息，带动父母学习计算机等信息技术，推动农村科技信息化建设。

2. 任县教育信息化建设面临的挑战

美国克林顿政府发布的教育行动计划确定中小学信息技术应用和发展的四大支柱：连通——保证所有学校都与因特网相连；硬件——保证学校拥有相当数量的硬件供教学使用；数字化内容——保证有相当的数字化内容供教师结合到课程教学之中；专业发展——保证教师具备与课程整合所必需的技能。在此基础上，有学者按照我国学校教育信息化发展实情，提出我国中小学教育信息化发展的三大支柱——信息化基础环境建设（包括硬件、网络及软件建设），数字化教学资源建设以及教师专业发展（保证教师具备与课程整合所必需的技能）①。下面我们就从三大支柱入手分析任县教育信息化所面临的挑战。

（1）信息化设备不够充足，且投资比例有所失衡

以前任县的学校尤其是农村学校信息化设备单一，设施陈旧，学校仅有的几十台电脑要全校学生轮流使用，导致学校学生每周只有一两节计算机课，完全不能满足学生对信息技术的巨大需求，技术操作也只不过是“纸上谈兵”。而教师备课很多是依赖于教材和教参等书本上的知识，上课也大多是采用传统的“一本教案、一根粉笔”的教学方式，没有先进的资源库和电子白板等多媒体教学设备，已经不能适应正在飞速发展的经济社会，不能满足最具潜力、最具活力、最具创造力的教育主体的要求，影响了教育信息化的进行。

对于软硬件的投资比例也有所失衡，软件和维护资金缺乏。一些农村学校软件缺乏或不能及时更新，不能满足信息技术课程的正常开设，运用也是以教师操作为主，学生观看屏幕的形式。同时还没有形成涉及所有学科的庞大的教学资源库，为教师收集素材带来不便，影响了信息化教学的进行。

---

① 梁志华，王昭君，李艳．构建教育信息化实践共同体突破农村学校发展瓶颈——农村教育信息化应用实践学校的探索［J］．中国电化教育，2009（6）：17—21

(2) 信息化数字资源结构性匮乏，尚没有实现共建共享

教育信息数字化资源是学校教育信息化的重要组成部分，它是教育信息的载体，也是教育信息化的重要内容，没有相应的资源支持，普及教育信息化只能是望洋兴叹。资源建设的好坏决定了信息化教学的优劣、持续积累和深度应用会直接影响整体教育水平的提升，当前教育信息化中一个严重问题就在于信息化教学资源的结构性匮乏。[①] 数字化教学资源的匮乏、缺少合适的多媒体课件是信息技术进入课堂的最大阻力。

任县学校教育信息资源以商业购买、教师自制和县教育局配置为主，但购买的资源并不适用于每一位教师，不方便教师的修改和二次开发。资源内容也大多是各大名牌学校的题库、课件。科目分布上也主要集中在语文、数学、英语等主科上，针对音体美小三门学科的资源较少，难以满足教师和学生的需要。

同时，学校教育信息资源更新缓慢，共享性较差。学生考试题库更新较快，教师教案和多媒体资源则更新缓慢。信息资源共享平台尚未建好，教师之间信息交流仍以传统的教学工作会议和课外讨论为主，教师自己制作的教学课件也较少与同事分享，校际资源共享机制也有待建立。

(3) 教师信息化技术能力有所提高，但仍需加强信息化素养

信息化建设人才是关键。现在青少年对信息技术知识和对信息技术的要求已经与过去不可同日而语，对课堂的要求也已不仅限于教师在黑板上写写画画或是简单的PPT呈现，这就迫使教师不断改进自己的教学方法，不断提高对现代化教学手段的掌握和运用水平。近几年，随着任县对教师现代教育技术能力培训力度的不断加大，教师的现代教育技术操作和运用能力水平得到了很大的提升。但由于培训的范围较狭隘，教师由于工学矛盾、培训资金缺乏等问题参与培训的较少，培训内容主要倾向相关教育技术知识以及信息技术基础知识，缺少实际操作技能培训。导致教师所掌握的技术大多是普适性技术，如一般课件制作、上网查询信息等。而对于如何将信息技术与自己所教课程相整合，应用于实际教学，很多老师仍不太清楚。对现代教学设备如多媒体设备、网络的使用

---

① 杨建军．甘肃省白银市中小学教育信息化的现状与对策［D］．西北师范大学硕士学位论文，2006：5

程度还有待提高。

另外，任县农村小学缺乏专业的信息技术教师。信息技术教师有的是由其他学科教师兼任，在教学中现学现卖，专业素养不高，无法做到对其他教师的培训和指导。有的由计算机专业毕业生任教，他们专业知识扎实、技术熟练，但缺少学科教学以及与其他学科整合的理论、方法等，使学科教学缺乏理论深度。

3. 任县教育信息化建设的突破口

为了实现“农村教育城市化”和“任县教育现代化”的目标，加快任县教育信息化建设步伐，将信息技术与优质教学资源广泛应用于教育教学，推进信息技术与学科教学的深层次整合，加快实现“堂堂用”。任县教育局以信息化为突破口，改善农村学校设施设备，对于城区学校示范办学，办亮点学校，争取到2014年，全县基本实现多媒体教学、网络教学和现代远程教学相结合的开放教学模式，推动教育革命。

为此，任县教育体育局提出了教育现代化建设的总体思路。①**构建一个平台。**在建立教育信息网基础上，逐步构建能够满足全县师生教育教学需求的信息化平台。②**突出两大重点。**提升“校校通”工程实施水平；建设具有本地特色的开放式资源平台。③**推进三类应用。**推进教育管理应用、课堂教学应用、学习过程应用。④**培养四支队伍。**培养具有较强的信息化领导能力的校长队伍、能够有效应用信息技术的教师队伍、具有研发能力的骨干教师队伍、能够胜任网络管理的网管员队伍。⑤**提升五种能力。**提升教师网络信息资源的获取和共享能力、信息环境下教育教学模式的探索与实践能力、课程内容和信息技术的整合与评价能力、教育教学软件的研制与开发能力、教育信息环境的管理与服务能力。⑥**开展六项服务。**让教育信息化为提高课程教学绩效服务、为提升学生综合素质服务、为支持教师专业成长服务、为提升教育管理水平服务、为促进学习资源的整合与共享服务。

(1) 加大教育信息化投入，合理分配教育信息化经费

任县坚持城乡统筹的原则，县城、乡村一并改，全面铺开，重点扶持，大量配备新的教学设备，全面提高学校信息化水平。全县学校坚定了"过紧日子"的思想，缩减一切非教学开支，将经费的40%用于信息化建设。2013年，已投资1200余万元安装电子白板、一体机等高科技设备，实现全县学校班班通。在此基础上，任县继续投资290万元正在建设网络研修平台，安装视频互动教学网络研修系统，搭建网络实时互动培训平台、网络教研平台、网络课堂直播系统，实现多媒体教学、网络教学和现代化远程教学相结合的开放教学模式，用先进的科技理念引领教学，用先进的科技手段服务教学，促进任县教育教学质量全面提高。

而对于经费投资的比例，转变以前"重装备、轻使用"的观念，注重硬件投入的同时不忘软件的投资。依据发达国家的成功经验，对于教育信息化工程或网络远程教育项目，首先，一次性投资（成本）中的基础设施硬件装备建设、教育资源建设以及人员配备和培训三部分资金大致各占三分之一。其次，后续投资（成本）通常远大于一次性投资（成本）。[①] 美国CEO论坛推荐的投入标准是：硬件和网络方面投资占45%，数字化内容方面投资占25%，人员培训方面投资占30%。借鉴发达国家的经验，结合目前任县教育信息化发展的实际情况，现阶段任县小学教育信息化建设中硬件、软件与培训的投资以4∶3∶3的比例较为合适。同时还应依据教育信息化的进度，采取适用的技术方案和滚动投资模式，及时调整、合理分配教育信息化经费，确保一次性投资和后续资金按时到位，促进教育信息化建设合理发展。

(2) 加快教育教学资源建设，建立网上教研中心和共享电子资源库

为了调动远程教育资源，任县投入300万元建设"网络研修"的后台设备，提高教师的教科研能力，并注重信息教育资源的使用。以教研室为建设主体，在基于互联网络的教学平台支撑下开设各科课程的网上教学和辅导站，加大力度建设县、校两级"网上教研"平台，构筑无校界的网上"学科社区""教研社区"。同时完善学校的电子档案，立足于教育部"国家教育资源公共服务平台"，中央教科所，人民教育网，省、市、县教育部门网内资源，建立各学校的电子教学资源库，及时上传学校的各项制度、教研记录、教学课件以及教师个人档案等。另外，学校

---

① 丁兴富．不能忽视总拥有成本分析［N］．中国教育报，2005-5-16

还积极组织教师走出去观摩学习信息化环境下的多种教学模式，邀请省、市、县各级优秀教师来学校上公开课，形成网下教研培训和网上学术交流、教研资源共享的互动模式，实现教育教学的资源共享。

另外，教育行政部门制定鼓励政策，创造必要条件，促使软件企业按照社会和学校需求开发教育信息化资源。引导企业发展，逐步使企业成为教育信息化资源建设的主力军，形成资源建设的市场机制。[①]

教师用多媒体上课

通过多媒体对教师进行培训

(3) 构建应用导向的教育信息化环境

任县积极改变以前某些学校校长怕设备使用损坏，维修更新花钱，教学不让用，教师不敢用、不会用的“小农意识”，提高信息设施设备的

① 王珠珠，等．中小学教育信息化建设与应用状况的调查研究报告（下）[J]．中国电化教育，2005（11）：19—31

利用率。聚焦课堂教学过程中教师、学生的应用需求，合理利用信息技术手段，促进教育理念、教学方式的转变。挖掘学校网站功能，为教师构建动态、开放、互动的网络教研服务平台。积极引导教师运用维客开展集体电子备课、运用BBS论坛开展主题教研、运用博客开展教育教学日志撰写。积极探索开展校际远程教研活动，共享优质教育资源，实现城乡学校的均衡发展。并以教研组为单位建设基于实际应用的学科网站，为提供学科教学范例、课程学习资源、教学同步指导和成果展示提供平台。让电子课件逐渐取代教案本，让触摸屏逐渐取代粉笔黑板，让现代的教育装备尽快走进学校、走进课堂。

同时，以校园网站为依托，将学校的教学计划、教学活动等教育资源向社会开放，创造学校、家庭、社区互动的信息化网络环境，为学生发展创造良好的环境。为了加强学校与家长间的沟通，任县二中建设"家校汇"信息交流平台，不用家长花一分钱即可凭密码登录，学校将各类信息发布到平台上，家长可以很方便地了解学校动态，与教师在线沟通，也可以对学校提意见，实现家校沟通零距离。

(4) 开展信息技术与学科教育课题研究

以学校为基础，结合学校实际，围绕信息技术与学科整合，积极推动信息技术在教育教学中的普遍应用和深入研究。教师们要充分利用教学资源库通过课题研究，形成一批具有较高理论和实践水平并具有重要推广和应用价值的教育科研成果，努力做到"校校有课题、人人都参与"。每校至少要确立一项研究课题，有专人负责课题的研究和实践，加大学科教学同信息技术手段有效整合的力度，探寻网络环境下各学科实施有效课堂教学的方法和手段，提高学科教学质量。同时，有意识地培养和引导学生利用信息技术进行自主学习的能力和意识，养成利用网络搜集信息、查找信息、应用信息、反馈信息的习惯。

(5) 创新校长和教师的信息化素养培训机制

加强专业人才实际教学能力方面的培养，是实现农村中小学教育信息化的保障。① 积极探索信息化环境下校长和教师培训新模式和新机制，

---

① 王继新，等．提高农村中小学现代远程教育工程设施教学应用绩效的对策研究［J］．中国电化教育，2005（12）：27—30

使培训形式多样化、人性化。提高校长信息化领导能力，增强教师有效应用信息技术的能力。

任县一方面进行校本培训，各学校成立以校长、副校长、教导主任、教研组长、信息技术管理员为成员的校本培训领导小组，定期开展各类信息技术技能专项培训、教育信息化专题讲座、信息技术与课程整合的教学观摩以及有关旨在促进教师信息素养提高的活动。培训重点是信息技术环境下的教育理念更新、教学实践探索、教学方式的变更和应用。另一方面可以充分利用网上资源进行远程培训，在网上学习教育信息化相关课程。

另外，重点加强对骨干教师、学科带头人的课程与信息技术整合的应用能力培训，形成一批具有先进教学理念、精通课程整合的排头兵，最终通过以点带面，全面提升教师教学的信息化应用能力。

（6）完善信息化建设和应用评估机制

任县把教育信息化工作列入对校长年度工作业绩的考核范围，开展“任县教育信息化示范性学校评比”活动，通过以“评”促“建”、以“评”促“管”、以“评”促“用”、以“评”促“优”，从机制上激励和促进学校的教育信息化工作。另外，学校内部也要开展信息化评比，改变以往靠查教案、听评课等传统方式方法对教师评价，把评比结果与职称评定和绩效工资相挂钩。校领导对教育信息化工作进行不定期督查和指导，做出过程性评价，并将教育信息化监督、评价结果纳入年终目标管理评价，还可以进行个人或小组多媒体讲课比赛、多媒体教学作品大赛等，对学校信息化建设有突出贡献的个人要给予精神表彰和物质奖励。

总体来说，近年来任县投入大量的人力、物力和财力进行教育信息化建设，取得了很好的成绩，也仍存在着发展的空间。对于信息化教学的效果，调研中许多教师反映，相比传统落后的设施设备，现代化的教学手段不仅使得自己备课、教研更加方便快捷，也能利用网络搜集更新、更多生动的学科资料，而且直观生动的画面、动听的音频、有趣的视频等提升了学生的上课积极性，同学们普遍反映上课变得有意思了，更愿意思考了，学习成绩也提高了。

五、“一体化”统筹管理城乡教师队伍

百年大计，教育为本；教育大计，教师为本。

——《国家中长期教育改革和发展规划纲要（2010—2020年）》

教师是促进学生全面发展、提高教育质量的关键。有好的教师，才有好的教育。教师队伍素质的高低直接决定着教育的成败，关乎国家和民族的未来。①《国家中长期教育改革和发展规划纲要（2010—2020年）》提出，严格教师资质，提升教师素质，努力造就一支师德高尚、业务精湛、结构合理、充满活力的高素质专业化教师队伍。国内外的经验反复证明，“教育的发展和质量的提高，是和一支稳定的、训练有素的、积极性高又可靠的教师队伍分不开的”。

（一）农村学校师资队伍建设的重要作用

1. 农村教师培养农村生产力，可以提高经济收益

农村教师以培养农村新型农民为基本责任和根本任务，而新型农民作为农村生产力的核心要素，很大程度上决定了农村生产力的发展水平。农村教师通过科学的教学手段把科学技术传授给未来的青年劳动者，引导他们进行知识的理解、创新和建构，使潜在的生产力转化为现实的生产力。

---

① 《教育综合改革实验丛书》编委会编．城乡统筹质量领先：成都青羊教育综合改革实验模式［M］．北京：教育科学出版社，2012

由世界银行及其他机构的许多研究可知，劳动力素质与个体和社会的经济收入一般是呈正相关，高素质的劳动力可以带来较高的经济价值和个人收益，且相比较而言，初等教育的经济收益大于其他各阶段的收益。由于农村很多学生只接受义务教育阶段的教育，因此农村教师的队伍建设对于促进农村劳动者和农村社会经济收益的作用更为重要。

2. 农村教师是发展和丰富农村文化的重要力量

在农村尤其是比较落后的农村中，农村教师是传播和发展人类文化的先进代表，他们把传统文化和先进现代文化传播给学生，由此传承我国优秀文化传统，促进我国农村经济社会发展和文明进步。农村教师近距离接触我国农村经济社会和农民，与他们紧密相连，贴近生活实际，可以根据自己所掌握和了解的文化去组织动员建设新农村精神，为农村文化增添新的内涵与意义，丰富农村文化。

3. 农村教师是促进农村教育发展的主体

教育大计，教师为本。有好的教师，才有好的教育，农村教师是农民个体素质提高和农村经济社会发展的基础。只有提高与农村现代化息息相关的农村教师的素质，拓宽其视野，变传统书本式教学为融生活实际和社会变革于一体的教学方式，才能在较大程度上提高农村学生的素质和农村的教育发展水平，才能从根本上提高农村的教育质量，促进农村义务教育均衡发展。

（二）任县师资队伍建设面临的挑战

义务教育能否均衡发展关键是看教师队伍是否均衡，但长期以来，在任县学校尤其是农村中小学由于办学条件差，往往吸引不到优秀教师，致使农村中小学教师队伍现状堪忧，而这一问题如果得不到妥善解决，必然会影响到任县义务教育的均衡发展。

1. 教师队伍人员更新欠佳

正常的队伍应当具备合理的进入与退出机制，进而形成良性循环。

教师队伍年龄结构合理是建设一支高素质教师队伍的必要前提。年轻教师充满活力，敢于大胆创新，中年教师年富力强，是学校的“中流砥柱”，老教师经验丰富，更能起“传帮带”的作用。三类教师如果按一定合理的比例组成，达到老中青有效结合，对提高农村教育质量、推进农村教育发展有很大的作用。由于各种原因，任县的农村中小学教师队伍更新缓慢，老龄化现象严重。调查发现，农村中小学教师队伍严重老化是一种普遍现象，并且学段越低，学校越偏远，老化的程度越严重。农村教师中除为数不多的近几年入职的教师和代课教师外，其他都是土生土长本地籍的七八十年代“普九”时期民转公教师。从年龄结构上看：50 岁以上的老教师居多，30 岁以下的年轻教师很少。“爷爷奶奶教小学，叔叔阿姨教初中，哥哥姐姐教高中”，正是 2006 年以前任县一些农村中小学教师年龄结构的真实写照。

出现这种现象，一方面是由于农村中小学教师队伍编制满员，无法接纳新人。农村中小学教师队伍现在有一部分人员是原有的民办教师转变过来，即“民转公”的结果，这部分教师是在无人愿意从事农村教育工作的前提下，进入了农村中小学教师队伍的。这部分教师整体素质偏低，年龄偏大，不利于农村中小学教师整体队伍素质的提升，而且，民转公之后的教师身份就成为一种待遇，可以终身享受，而缺乏考核和退出机制，也就造成了部分农村地区教师队伍的满负荷运转。

另一方面是因为缺乏相应的机制吸引师范专业毕业生和留住优秀农村教师。由于任县农村地区教师待遇普遍偏低、生活环境艰苦，个人发展机会少，严重影响农村教师队伍的稳定与工作积极性，无法吸引正规师范院校毕业生到农村从事教育工作，年轻的教师不愿到农村任教；即使暂时从事农村教育工作，一旦有机会，这部分优质教师资源也会谋求更好的发展而进入城镇学校或另谋职业，只能由附近村子年龄大的教师来充担此任。如果找不到合适的人选，就只好聘请代课教师。这种正规师范专业毕业生“进不来”和优秀教师“不爱进”的现象，造成了农村中小学教师队伍整体更新的阻滞。

2. 教师学科结构存在问题

在任县一些农村中小学由于教师资源匮乏，远不能满足学生对音体美英等课程的需求，语文、数学教师占绝大多数，小学英语、计算机、音体美、心理辅导教师紧缺。很多学校不开设计算机、心理辅导等学科，而音体美由其他学科的教师兼任，英语老师都是其他学科的老师代替或者是国家推广小学阶段外语教学之后通过短期培训上岗的英语老师，其口语达不到标准、语法知识欠缺的状况普遍存在。尤其是音体美“小三门课程”任课教师很多是“现学现卖”的，学历结构参差不齐，后期培训不到位往往影响了教学质量，使得这些课程形同虚设，学生的全面发展受到限制。

3. 教师素质有待提高

教师职业的特殊性要求教师从业者必须不断地补充和完善自身的知识结构。但就农村中小学教师队伍这一块来说，却缺乏有效的知识更新机制予以保障。

一方面，农村中小学教师整体年龄结构偏高，部分农村中小学教师是民办教师转为公办教师的，接受新知识的能力较弱，无法及时有效地接受新知识的输入，而且这部分教师长年在农村任教，其生活回乡性明显，自身接受新知识的热情也不高。尽管大多通过函授、自学考试、民师转正等途径获得的二次学历已基本达标，但其所学专业与所教授学科往往不一致，所教非所学。这些教师，没有受过专业的师范教育，基础知识差、培训效果不佳、教师职业意识淡薄、专业化水平不高，无法适应迅速更新的知识内容。

另一方面，农村整体社会条件较城市差，公共设施和物质条件都不如城市，缺少图书馆、阅览室、书店、网络等可供教师进行自我提升的条件，而且，农村中小学教师自身收入等条件也不如城市教师，农村中小学教师自我知识更新的成本要高于城市教师。

另外，缺乏系统有效的农村中小学教师职后培训是农村中小学教师队伍知识更新缓慢的原因。大部分教师愿意接受在职继续教育培训，但很多教师面对现代远程教育培训报以应付的态度，又由于培训都是全员教师同步进行，没有顾及农村教师在多媒体应用方面存在困难的特殊性，培训内容脱离了农村教师实际情况。

4. 教师队伍保障不足

保障不足主要表现在生存环境较差，工资不能足额发放，待遇不高，教师基本权益得不到有效保障。1994 年 1 月 1 日实施的《教师法》第二十五条明确规定：“教师的平均工资水平应当不低于或者高于国家公务员的平均工资水平，并逐步提高。”2006 年 9 月 1 日实施的新《义务教育法》第三十一条指出：“各级人民政府保障教师工资福利和社会保险待遇，改善教师工作和生活条件；完善农村中小学教师工资经费保障机制。教师的平均工资水平应当不低于当地公务员的平均工资水平。”但是事实上抽样调查显示，由于“普九”欠债，任县近 50%的农村中小学教师和县镇教师没有按时或足额领到工资，打击了教师的工作积极性。

（三）任县师资队伍建设对策

1. 积极“吸入”机制

“吸入机制”的核心是使优秀人才面对农村教育岗位时“愿意来”“进得来”“留得住”。机制设计要充分考虑农村教育工作的特殊性。优秀人才的吸纳过程要公开、公正和公平。①

针对以上问题，任县教育局扎扎实实地开展教育系统人事制度改革，实行严格教师准入制度，凡未取得教师资格证书者，一律不得进入教师队伍。在当前社会就业压力比较大的情况下，任县教育局积极寻求县委、县政府的大力支持，放开教师入口渠道，招募大批年轻大学毕业生和优秀教师。在 2006—2010 年五年时间内就招录了 800 多名教师，这在全国也绝无仅有。经过严格的笔试、面试、试讲等环节后纳入正式编制，全部充实到农村学校。这批教师学历高，素质好，教育理念先进，工作热情高涨，给农村教育带来了生机和活力，基本满足了教学需求。一大批高素质、高学历的优秀毕业生充实到教师岗位，为教育注入新鲜的血液，

---

① 李桂荣．优化农村教师资源　建立积极的“退出”与“吸入”机制［J］．河南教育学院学报（哲学社会科学版），2008（2）

进一步优化教师队伍。调研中发现许多新招聘的教师对于任县农村学校的条件感到很满意，如任县永福庄中学的张老师2011年刚毕业时就来到这里教数学，张老师表示这里的工作条件不比城里差，软件硬件与城里都是一样的，对于刚毕业就能找到正式工作而且能发挥自己所长，她感到非常幸运。

第一，采取有效措施提升农村教师岗位的吸引力。如保证农村教师工资足额发放，实行农村教师梯度工资制度，县城、城郊、乡镇和村校的教师工资按照一定的级差发放，以吸引教师到乡村学校任教；向农村教师提供特殊补助、医疗保险、子女上学优待、住房公积金和购房贷款优惠等，提高农村教师福利待遇；多为农村教师提供学习、交流、晋级、评优的机会，注重农村教师的职业生涯设计和专业发展规划，创造农村教师的职业魅力；扩充农村教师编制，逐步解决城乡教师编制倒挂问题，减轻农村教师工作负荷，提高农村教师的职业幸福感。第二，定向优质培养，广开优秀人才向农村教育的流入渠道。譬如通过免费师范生制度、农村特岗教师制度、农村教育硕士制度等，将大批优秀师资送到农村。第三，公开招聘过程，广泛吸纳优秀人才。教师招聘要面向全社会公开进行，可以实行招聘权与选择权分离制度，招聘权力适当上收，甚至可以采取类公务员考试，由缺编学校上报招聘计划，通过招考单位统一选拔培训，最后由缺编学校选择使用。第四，坚持城乡学校对口支援、校际走教、高校教师专业服务、师范生顶岗实习等有效措施，促使新思想、新理念、新方法、新技术及时走向农村，激发农村教师的专业发展意识，提高农村教师的专业发展水平，激活农村教师队伍的生机。第五，从感情、事业、待遇、制度等多方面留住优秀教师。①

2. 合理退出机制

针对教师队伍人员更新机制的欠缺问题，县教育局实地调研广大教师的需求，了解不愿意做教师的人员的需求和原因，破除编制这个“紧箍咒”，将这部分不适合待在教师队伍的人员“请出去”。针对这批农村

---

① 李桂荣．优化农村教师资源　建立积极的“退出”与“吸入”机制［J］．河南教育学院学报（哲学社会科学版），2008（2）

教师“无地无技术无本钱”的情况，为了不损害这批教师的利益，不简单地“一刀切”，不让他们直接下岗，而是为这批教师积极找出路，通过“转岗分流”把不合适的教师安置到公安、税务、城管等部门，在不增加国家财政负担的基础上将这批高素质水平的人力资源合理利用，置换出来140～150个岗位，历史性地激活了教师管理这盘棋。教师进出渠道的畅通，使全县教育发展有了坚实的人力保障。正如当地教育局领导所言，形成了“省时省力有效果”的合理退出机制。

“退出”的目的不是精简队伍，而是优化重组教师队伍，因此退出的教师应当是农村教师队伍中教育教学水平相对较低的人员。退出不能过急，不能造成教师队伍青黄不接和教学秩序的紊乱。应该妥善处理不合格教师的有序退出与教师队伍稳定的关系。既要把“稳定”作为农村教师队伍建设的重要目标，又不能把它当作农村教师队伍建设的桎梏。目前的普遍现象是越落后的地区教师队伍越稳定，越发达的地区教师流动性越大；同时，教师队伍越稳定的地区教师素质越低，而教师队伍流动性越大的地区，教师素质越高。但如果“稳定”的实质是名誉上合格但实际素质不合格的教师占据着教师岗位、优秀人才难以进来，这种“稳定”应该及早打破。对于“退出教师”的历史贡献我们应该尊重，并为他们积极找出路，以解除退出教师的后顾之忧，防止矛盾激化和不良社会影响，也能更好地利用这批较高素质的劳动力。

3. 流动师资机制

随着各级政府的教育投入不断增加，在学校硬件和办学条件普遍得到改善的情况下，义务教育教师资源的均衡配置问题成为提高教育质量的关键因素。[①] 但是，现实中存在的校际师资差异不仅造成教师专业发展的“马太效应”，降低了薄弱学校教师的积极性和创造性，也成为引起择校热、择师热的一个原因。只有通过有效的教师流动交流机制，充分激发老师们的职业活力、专业创造力和教育教学的热情，这样才能不断增强学校的发展动力和活力，激励学校之间、区域之间向更高水平的教育

---

① 周谷平，等．西部地区教育均衡发展的资源统筹和制度创新研究［M］．杭州：浙江大学出版社，2012：10

均衡目标发展，才能实现差异学校共同稳定、均衡的高位发展，实现教育作用。

2005年，《教育部关于进一步推进义务教育均衡发展的若干意见》（教基［2005］9号）中要求“县级教育行政部门要依法履行对农村中小学教师的资格认定、招聘录用、职务评聘、培养培训、调配交流和考核等管理职能，加强辖区内教师资源的统筹管理和合理配置。要严格按照有关规定，保质保量地为所有中小学配齐合格教师。核定教师编制时要向农村学校倾斜，新增教师要优先满足农村学校、城镇薄弱学校的需求。要采取各种有效措施，建立区域内骨干教师巡回授课、紧缺专业教师流动教学、城镇教师到农村学校任教服务期等项制度，积极引导超编学校的富余教师向农村缺编学校流动，切实解决农村学校教师不足以及整体水平不高的问题”。

教师流动是指根据经济社会发展的要求或教师个人发展的需要，教师资源在教育与其他行业之间、教育系统内部不同单位之间、教育单位内部不同岗位之间进行重新配置的过程。① 教师流动的模式主要有以下三种。②

城乡教师短期交流制度。这种流动机制是指区域内城乡学校教师相互交流，城区学校名教师定期到农村学校讲学、指导，帮助农村学校教师提高业务水平；农村学校教师定期到城区学校进修学习，以提高自身的业务水平和能力。一般相互交流的时间在几天至几个月不等。这种模式多以教育行政部门倡导为主，交流教师的主要任务是服从服务于本校教育教学工作，城区教师到农村学校讲学辅导等交流活动只作为名教师、骨干教师发挥示范作用的一种要求，如名师送教下乡、名师大讲堂等；农村学校教师进城学习也只是参与一些大范围的教科研活动。

城乡教师柔性流动制度。城区学校部分教师必须到农村学校支教一年，农村学校教师也可交流到相应的城区学校从教一年，教师的人事关系保留在原单位，工资福利等待遇都与原单位教师相同，属于“人走关

---

① 郭文琴．中东部地区城乡教师流动机制比较研究［D］．浙江师范大学硕士学位论文，2009

② 楼世洲，李士安．构建城乡中小学教师定期流动机制的政策研究［J］．教育发展研究，2007（10）：1—4

系留”的模式。这种模式属于当前比较盛行的城镇教师到农村支教制度，一般由教育行政部门规定城镇教师应履行到欠发达地区或农村学校任教义务，支教期至少一年。如河北省教育厅规定“逐步推开县域范围的教师定期合理流动制度，鼓励城镇50周岁以下男教师、45周岁以下女教师在县域内向农村学校流动。城镇中小学教师申请晋升专业技术职务和申报参评特级教师的，都必须有在农村学校工作或支教一年以上的经历，否则不予评定”。

城乡教师双向、定期流动制度。所有城乡学校的中小学教师（除特殊情况外）根据个人愿望、学校需求，由教育行政部门统一调配，一般3～6年必须无条件在城乡学校之间流动，一名教师在同一学校连续任教不得超过5～6年。2008年，河北省出台的《关于推进义务教育均衡发展的实施意见》规定，将建立义务教育阶段中小学校长、教师交流制度。义务教育阶段学校校长原则上每届任期4年，可以连聘连任，但在同一学校任职一般不超过两届。

任县在结合自身情况和其他地区经验的基础上主要采取以下3种流动交流形式。

(1) 顶岗实习

这是2013年刚刚开展的一个项目，做法是挑选部分教师置换到河北师范大学学习3个月，包括2个月的课程和1个月的引进进修教师，实习由1个月变成一个学期。教师比例大概占学校师资的5%～10%，不会影响学校的正常教学秩序。经费方面主要由国培计划提供，学校出少部分资金，实习教师没有经济负担。使得农村教师和城市教师拥有一样的素质，促进“农村教育城市化”的发展。

(2) 下乡支教

与上面所提的“城乡教师柔性流动制度”相似，任县每年派40多名城区学校教师到农村学校支教1年，农村学校教师也可交流到相应的城区学校从教1年，教师的人事关系保留在原单位，工资福利等待遇都与原单位教师相同。而且对于下派的支教人员在年度考核、评优、职称晋升方面给予政策倾斜。

支教教师范围方面，包括具有2年以上教学工作经历、中学二级

（小学一级）以上职称的35周岁以下无农村或薄弱学校工作1年及以上经历的教师（如有特殊情况可适当放宽范围）；任职以来，无农村或薄弱学校工作1年以上经历拟申报高一级技术职称的城镇学校教师（到新单位或学区工作未满一年的不参加支教）。

支教形式上，要求支教教师按照规定时间到达受援学校进行支教，以脱岗形式到受援学校实行满工作量顶岗教学。对于支教任务方面，一是承担受援学校的主要教育教学任务，进行课堂教学改革；二是通过上示范课、听课、评课、专题讲座等形式，积极开展教研教改活动；三是对被支教学校教师进行全方位教学业务指导；四是认真总结教育教学和支教工作，为受援学校提供办学和教学经验，对受援学校支教工作提出建议和意见。

2009年以来，任县共安排180名教师到农村师资力量薄弱的学校支教，进一步提高城乡教育均衡发展水平。

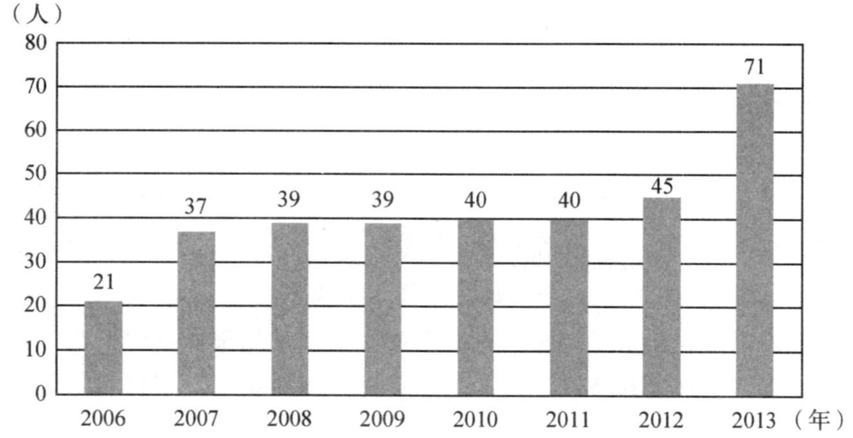

图14　任县2006—2013年教师到农村支教数量统计

（3）结对帮扶

帮扶工作以城区学校和农村学校结对的形式进行，组建教师结对帮扶小组，由对口学校负责具体实施。帮扶双方本着“优质资源共享、携手共同发展”的原则，通过协商制订周密的帮扶计划，确定双方工作职责，建立学习交流机制，充分发挥城区学校的资源优势和辐射带动作用，形成帮扶常规制度，加大对农村义务教育学校的扶持力度，建成友好协作学校，全面加强校际教育教学管理工作的交流，促进学校教学管理人员和教师的专业化发展，促进教育质量的大幅度提升。

任县第一批结对帮扶的学校有第二中学和骆庄乡中、第三中学和辛店镇中、北街小学和达二新星小学、西街小学和大屯中心小学，实现了城区学校和农村学校的互动交流。

城区学校校长在帮扶工作中，根据自己的办学教育经验和受扶学校的基本情况，从教学管理、教师管理、学生管理、开展课外活动等方面帮助对口学校修订和完善学校各项管理制度，明确岗位职责，完善管理措施，每学期召开 2 次以上管理经验交流活动，同时城区学校要统筹安排好农村学校来校学习、听课等方面的接待、指导工作，做到态度热情、安排周到、指导到位，切实提高受扶学校管理水平。

城区学校每个学科的一名骨干教师与结对农村学校的教师建立同伴帮扶组，加强教育理论、课堂教育教学、教育科研等方面的指导和培养，尤其是现代教育信息技术在教学中的应用方面；每位骨干教师到农村结对学校上示范课，每月每学科均不少于 2 课时；骨干教师到农村学校指导教学研究工作，每学期至少开展课改理论培训、集体备课、同课异构等教研活动 2 次，通过听课、评课帮助农村学校教师解决教育教学难点问题，进一步转变教育教学观念，提高课堂教学效率和教育科研水平。

农村学校校长将本学校的发展现状、学校优势、存在难题如实向城区对口学校提供，并虚心听取城区对口学校的意见和建议，完善学校的各项管理制度；积极参与城区对口学校组织的管理经验交流活动，主动学习管理经验，不断完善本校的教学管理机制。

农村学校每个学科的 1～2 名教师与城区对口学校的骨干教师组成教师结对学习小组，虚心向结对教师学习先进的教育教学理念和教育艺术；轮流派出主管教学工作的校长、教导主任、政教主任及班主任到城区学校观摩学习。每学期有不少于专任教师总数 1/3 的教师轮流到城区学校听课、观摩、参加教研活动，不断提高教师业务素质和教育教学水平；建立学科教研组，定期邀请城区对口学校教师指导本校教学研究活动，认真学习城区对口学校教研工作的先进经验，改变教学现状，提高教学质量；统筹安排好教育教学工作，积极配合城区对口学校送教下乡活动，妥善安排好下乡教师的工作和生活，并保证本校同学科专任教师参加活动的比例不低于 80%。

同时，任县积极建立驻校督促指导工作制度，选派局机关中坚力量深入到学校第一线，不断推动学校向科学、规范、精细化管理发展。

4. 提升校长和教师素质

没有教师教育质量的提高，就没有教师质量的提高，也就谈不上教育质量的提高。

——霍尔姆《明天的教师》

《国家中长期教育改革和发展规划纲要（2010—2020 年）》提出“到 2020 年，基本实现教育现代化，基本形成学习型社会，进入人力资源强国行列”这一教育改革发展的战略目标，标志着中国经济发展方式的转型和社会发展日益依赖于人才和创新，人才队伍建设和国家创新体系建设亦日益依赖于教育和教师。“振兴民族的希望在教育，振兴教育的希望在教师”，这对我国中小学教师素质提出更高的要求，人民群众对优质教育的需求不断增长，而优质教育资源和优质教师资源相对不足，这种供求关系逐渐成为主要矛盾。教师学历水平、专业对口率、综合素质急需进一步提高，农村教师队伍需要快速提升，教育名师名家需要大力培养。构建和完善更加科学合理的教师培训体系和培训制度，做好培养培训规划，优化教师队伍结构，促进每个教师的发展和教师队伍的整体水平提升，国家中长期教育改革和发展纲要对教师培训工作提出了很高的要求，教师培训是提高教师专业素质的重要途径，关系到教师自身的成长，关系到学生素质的提高，关系到教育事业的成败。因此，教师培训工作一直是教育界关注的重点和难点。

（1）校长培训

“一个好校长就有一所好学校，一个好学校必然有一位好校长。”校长是区域教育均衡发展中更为稀缺的资源，通过校长这种稀有资源的培训可以促进学校管理理念、技巧的提升，有助于学校管理水平的全面提高。① 美国当代教育管理学家萨乔万尼曾指出：“就维护和改进优质学校而言，学校的任何职位都不具有比校长更大的潜力。”除了管理能力培养外，任县还十分注重校长业务能力的培养，要求校长不仅要理论功底好，指导实践工作能力也要强。教育局还经常要求这些校长上课、评课，由教研室的教研员统一测评。不但要做学校管理的领导者，而且要精通教学业务，努力使自己成为专家型校长。中小学校长要承担一定数量的教学任务，并积极参加听课、评课等教学活动。副校长任课每周不少于教师满工作量的一半，每学期听课、评课不少于 20 节。

同时还启动了校长外出跟班学习和考察机制，每年选派优秀校长到石家庄 40 中、37 中等知名学校挂职锻炼，将先进的办学理念、科学管理方式以及教育改革经验应用到实际工作中，给任县教师队伍注入了活力和动力。2014 年，任县启动了三年对标行动计划，分期分批选派校长、教师到石家庄市对口单位进行挂职锻炼学习，对标先进，借鉴经验，找准差距，弥补短板，进一步提升师资队伍的整体素质。

2009 年甄庄明德小学校长参加明德项目年会

① 周谷平，等．西部地区教育均衡发展的资源统筹和制度创新研究［M］．杭州：浙江大学出版社，2012：10

培训内容上除了在职校长的专业培训外还把党风廉政教育与廉洁自律教育作为校长培训的必修课程。在开展常规的中小学校长任职资格培训、提高培训的同时，突出加强校长的法律法规等知识培训，以提高校长的综合素质。

任县校长参加教育部中学校长培训

任县校长在石家庄参加国防教育工作培训

（2）教师培训

任县教师培养注重校本、研培结合、赢在课堂，充分发挥县教师学习与资源中心、学校发展共同体、教师任职学校的作用，按照“三位一体”（教、研、培三位一体）原则、自我研修—校本培训—县级培训—市级（国家级）培训的四级培训模式进行，采取研究和培训相结合，专业学习与综合学习相结合，导师辅导和自主学习相结合促进教师的专业发展，狠抓课堂教学这个中心，切实提高教师素质。

构建网络环境下开展教师教育和教学活动的信息技术平台，充分发挥中小学现代化教学设施的效能。利用教师网络研修的后台设备，下载教育部提供的软件，通过教师网上研修，交流、共享优秀教师教育资源，增强教师将信息技术和信息资源整合于学科教学的能力，实现研修、进修、教学管理信息化，有效提升中小学教师的信息素养和应用现代教育技术的水平。

坚持“走出去、请进来”方针，一方面实施教师外出培训项目，每年选派中小学、幼儿园和职业学校的教师分批次到邢台学院、河北师范大学、北京师范大学等高等院校进行专业培训和综合培训。近几年，任县先后组织500多名农村教师到唐山、石家庄等教育先进地区参观学习。

2009年任县教师参加河北师大英特尔培训

2009 年任县教师在石家庄 42 中学习培训

任县教师参加河北省国际英语教学研讨活动

任县教师参加河北师大脱产研修班

任县教师参加沙盘游戏咨询师体验式培训

另一方面聘请知名专家教授来任县讲授课，活跃教职工思想，让广大教师开阔眼界，有效提升师资队伍的工作能力和业务水平。邀请北京师范大学、河北师范大学、邢台学院等高等院校的专家教授定期来任县进行有针对性的讲学。2007 年暑期，又聘请国家、省、市教育专家对全县 1700 余名教师分期分批实施“班主任培训工程”“教师专业文化知识提高培训工程”等七大培训工程，农村教师的业务素质有了明显提高。2009 年以来，任县利用暑期、节假日等有利时机邀请 50 余名省、市教育专家，集中培训教师5000多人次。不断丰富的培训内容和形式，让受培训者树立终身学习的理念，在教育教学管理中，学以致用，将学习的理论转化为实际工作中的智慧。

北师大数学项目组专家在任县授课

河北省剑桥英语教学能力考官韩晓云在任县培训英语教师

石家庄市裕华区教研室刘玉在任县培训语文教师

中国陶行知研究会常务理事边守正在任县进行陶行知教育思想培训

为了防止出现“欢欢喜喜去听课，伤心郁闷回校来”的情况，防止因大学教师和专家授课而使得课程内容侧重理论，针对性不强的情况，任县教育局又积极组织学科专业培训，邀请各学科骨干优秀教师通过示范课、讲课说课等形式进行经验传授分享，让各位教师在解决学科实际问题、提高教学技能技巧方面提高自身素质，使得培训的理论性、系统性、基础性与针对性、实用性和可操作性相结合，切实达到培训效果。

骨干教师郭彦玲上示范课

骨干教师王敬格上示范课

(3）班主任培训

①加强班主任队伍建设的重要意义

班主任是天底下最不起眼的“芝麻官”，但却做着天底下最不平凡的事业，承担着教书育人的重任，不仅关系到学生身心发展和人格塑造，而且关系到亿万家庭的希望和幸福，甚至关系到国家和民族的未来。中小学班主任是中小学教师队伍的重要组成部分，是班级工作的组织者、班集体建设的指导者，是学校教育第一线的骨干力量。建设一支素质高、能力强的班主任队伍，对于培养品学兼优的人才，引导中小学生健康成长，提升学校办学水平具有重要的意义。

中小学班主任是实施素质教育的重要力量，是中小学思想道德教育的骨干力量，班主任的人格魅力对学生的成长具有一种无形的影响力。加强中小学班主任工作，对于贯彻党的教育方针，全面推进素质教育，把加强和改进未成年人思想道德建设的各项任务落在实处，具有不可替代的作用。

随着经济社会的深刻变化和教育改革的不断深化，中小学班主任工作也面临着许多新问题、新挑战，迫切需要建立有效的工作机制，引导班主任以现代化的信息资源和科学的方法教育、引导、帮助学生成长进步。

②明确班主任的工作职责

班主任应运用现代教育理念和信息技术管理班级，科学规划，规范管理，有创造性地构建现代化、符合学生特点的班级管理模式，根据学校工作计划的要求及本班学生的发展状况，制定班级工作目标，指导班委会工作，认真组织学生参加各种有益于身心健康的社会实践活动、课外兴趣小组、社团活动和各种文体活动，把班级建设成积极进取、奋发向上、团结友爱、互帮互助、文明和谐的集体。

班主任要悉心了解学生的生活环境、健康状况、学习基础以及兴趣爱好等，把握学生的思想动向，有的放矢地做好教育引导工作。对学生做到"六必谈"，即学生思想学习进步必谈，学习退步必谈，情绪波动必谈，做错事必谈，有矛盾纠纷必谈，家庭发生变故必谈，使教育行为富有情感性、人文性，形成民主、平等、和谐的新型师生关系。

班主任要对学生进行世界观、人生观、价值观和社会主义荣辱观教育，引导学生树立远大志向、增强爱国情感，培养学生良好的品德习惯、学习习惯、生活习惯，培养学生学会做人、学会求知、学会做事、学会发展；会同各科教师教育、帮助学生明确学习目的，端正学习态度，掌握正确的学习方法，提高学习成绩，教育学生努力完成学习任务；同时，主动与科任教师交流本班的教育工作，对实际存在的问题商讨对策，促进学生进步；时时加强安全教育，增强学生自我保护的意识和能力。

加强与学生家长的沟通，做好家访工作。每学年要对本班三分之一的学生进行家访，以电话、书信、网络等方式访问每一位学生家长；新接班的班主任在第一学年内一般要对每一位学生都进行家访；不定期召开形式多样的家长会，争取家长对学校工作的支持。

③安排班级活动经费

为充分发挥班主任作用，进一步搞好班级建设，任县教育局在预算中安排班级活动经费，用于班集体购买办公用品和班级内部组织集体活动。班级活动经费每生每学期不低于15元，由办公经费支出，列入编制预算中。班级活动经费的使用主动权由班主任掌握，使用范围包括购买班级日常用品、班级课余活动用品、优秀课外读物、班级组织活动所需用品等。班级活动经费的安排，进一步增强了班主任管理班级的主动性和创造性，给开展班级活动提供了有利的经费保障，提高了班级管理水平。

④构建班主任队伍的培养机制

建立健全班主任岗位培训制度。做好班主任上岗前和上岗后的培训。班主任培训以自我研修—校本培训—县级培训—市级（国家级）培训的四级培训模式进行。自我研修，要求教师制定个人发展规划，按照“学习—实践—反思—总结—升华”的路线，开展自学、向优秀班主任学习、撰写案例分析、教育反思、教育随笔等形式的学习，促进班主任专业素养的提高；校本培训，要求学校结合教育的目标任务、学生的不同特点和需求、学生教育的难点和热点，采取集中学习、专题研讨、专家讲学、经验介绍、参观学习、岗位练功等方式进行培训；县级培训，采取全员培训、骨干班主任培训等模式，全员培训每年开展一次，采取专家讲座、优秀班主任巡讲、优秀德育课观摩、班主任基本功大赛等形式，通过集中培训、以赛代训、以会代训等活动，为班主任搭建学习提升的平台；市级（国家级）培训，主要选派优秀、骨干班主任参加市级以上部门组织的各类培训、学访、交流。

加强对班主任的跟踪培养。根据新班主任、骨干班主任、优秀班主任不同层面进行个案或群体跟踪调查，及时发现亮点、总结经验，鼓励优秀班主任形成管理风格和特色经验，并有目的、有计划地进行培育和推广。积极为班主任创设交流与展示的条件和平台，组织班主任开展校际、学区间工作交流和研讨，促进班主任专业水平的提升。

深入开展班主任工作的研究。各校要协调各方面力量，定期对班主任工作中的热点难点问题进行深入系统的研究，引导所有班主任在学习状态下工作，在研究状态下提高。要鼓励班主任积极探索和利用现代化信息技术，设计富有特色的班会活动，撰写班主任个案、班级工作反思、课题论文等，使班主任工作有新意、有深度、有广度、有理论水准。

建立后备班主任队伍培养机制。注重发挥优秀班主任示范引领作用，采用新老结合的方式做好班主任梯队建设，为有经验的老班主任配备副班主任或助理班主任，明确其职责分工，为班主任人选储备后续力量。

为了切实提高班主任的专业素质，发挥班主任的教师加管理者的双重作用。任县教育局每年不仅举办针对班主任的单独培训项目，还会邀请全国优秀教师进行授课提高班主任业务水平，每年选派班主任外出挂职学习锻炼。同时每三年评选表彰一批“名班主任”，专门成立“名班主任工作室”，由“名班主任”作为主持人发挥其示范、引领、带动作用，以全面提升全县中小学班主任队伍水平。

同时，要求各学校多方面筹措班主任培训经费，创造条件，支持班主任参加各种业务培训及进修。设立“名班主任工作室”专项经费，主要用于名班主任工作室的办公设备和图书资料的购置、日常办公开支、网站建设、业务培训、课题研究等。为了保障班主任工作科研经费，要求为班主任课题研究、案例评比、经验交流等活动提供经费支持。

由图 15 和图 16 可以看出，任县虽然近年来高学历教师比例不断加大，但整体来说教师学历仍然偏低，教师质量亟待加强。在这样的背景下，教师培训就成为提高教师质量的主要手段。通过培训师资队伍质量得到大幅提升，2009—2013 年共获得国家级优秀成果奖 37 项，省级优秀成果奖 71 项，市级优秀成果奖 177 项，有 125 名教师获得邢台市名师、学科骨干教师、教坛新秀等光荣称号。

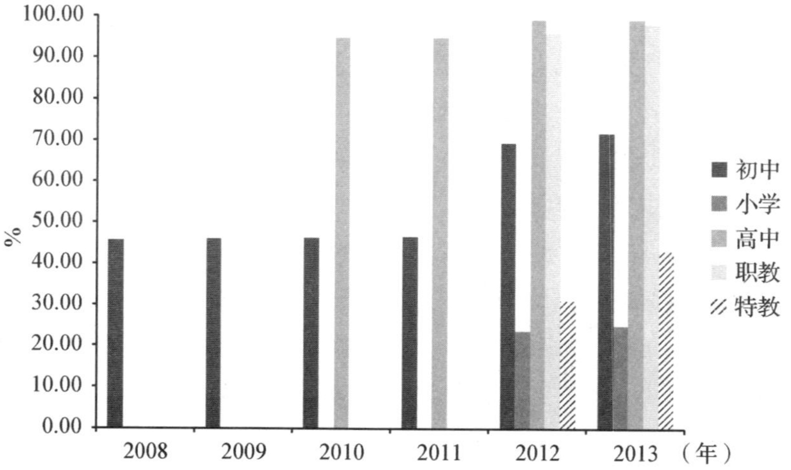

图 15　2008—2013 年本科以上学历教师所占比例

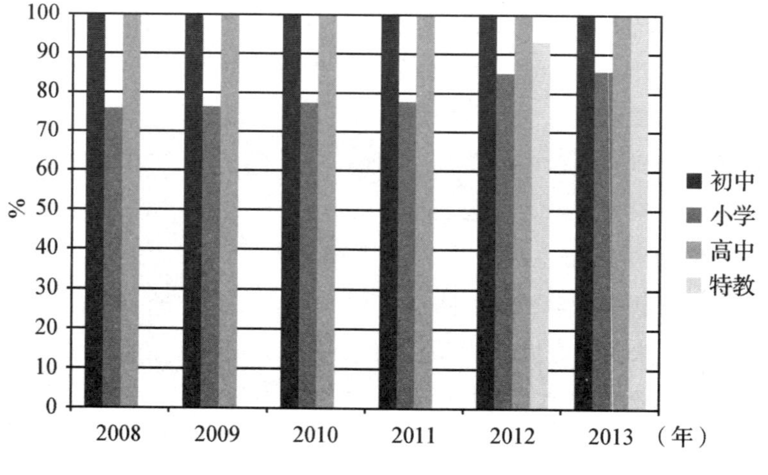

图 16　2008—2013 年专科以上学历教师所占比例

相关链接

教师：提高素质练内功

当地教育局领导非常清楚，推行“农村教育城市化战略”，教师队伍是最重要的因素。因为，教师是提高教育质量的关键。他们果断亮出了改革的“第三招”：优化教师队伍结构，提高教师业务素质。

同其他地方一样，任县农村中小学也存在着教师数量不足，年龄偏大，学科教师不能专任化的问题。由于没有编制，不少学校都请了代课教师应急。这部分教师工作量不小，工资待遇却与正式教师相差甚远，其教学积极性和效果可想而知。这个问题解决起来很难，不少校长和教育局长提起这事就摇头叹气。

当地教育局领导决心啃下这块“硬骨头”。2006 年，他用了半年的时间一次次找县长，找县委书记，力陈教师增编的必要性和紧迫性。精诚所至，县领导终于“松口”。从 2006 年起，他们连续 3 年共招录了 576 名师范类大专学历以上毕业生，经过严格的笔试、面试、试讲等环节后纳入正式编制，全部充实到农村学校。这批教师学历高，素质好，教育理念先进，工作热情高涨，给农村教育带来了生机和活力，基本满足了教学需求。“我们招这么多新教师入编，在全国也绝无仅有。”谈起这事，当地教育局领导颇为得意。

为优化教师队伍，县教育局对全县教师基本情况进行了摸底。在县委、县政府的支持下，将 100 多名不能胜任教学工作的教师全部安排到税务、城建等其他行业就业，历史性地激活了教师管理这盘棋。教师进出渠道的畅通，使全县教育发展有了坚实的人力保障。

在达二新星小学，记者见到了 2008 年招来的教师王建，他去年毕业于邢台学院中文系。“我很幸运，刚毕业就找到了正式工作。我的同学大多数都在干代课教师。”王建说，这所学校有教师 24 名，近两年招进新教师 19 名。学校给他们分了宿舍，有食堂和浴室，还能上网。“工作条件不比城里差，我会在这好好干下去。”

“教师具备什么样的素质，就会造就什么样的学生。农村教师教育理念和方法落后，故步自封，得过且过，只能贻误教育和孩子。”当地教育局局长告诉记者。为让农村教师树立城市化意识，更新教育观念和方法，他们采取“走出去”“引进来”“互动交流”等方式，着力培养教师自身“造血功能”，提升教师素质。

近几年，他们先后组织 500 多名农村教师到唐山、石家庄等教育先进地区参观学习，选派 10 名副校长到石家庄 42 中、28 中等名校挂职，将先进的办学理念、科学管理方式以及教育改革经验应用到实际工作中。邀请北京师范大学、河北师范大学、邢台学院等高等院校的专家教授定期来任县进行有针对性的讲学。仅去年以来，就开展专题讲座100余次。2007年暑期，又聘请国家、省、市教育专家对全县1700余名教师分期分批实施“班主任培训工程”“教师专业文化知识提高培训工程”等七大培训工程，农村教师的业务素质有了明显提高。

“班主任到石家庄培训，每个老师仅培训费就4000元。我还是毫不犹豫地让他们去了，因为我认为在教师培训上花钱值得。”达局长说。

还是这些学校，还是这些教师，培训前后的教学质量却大不相同。甄庄小学20名教师全部为大专以上学历，前些年教学成绩在全乡总是位于中游。这两年该校与北师大合作，承担了“小学攀登英语课题”。2位英语教师都到北师大接受了一周的培训。其他学科教师也先后到邢台、石家庄学习参观。2008年，该校在县教学联考中获得第3名的好成绩。“在北师大学习后，我最大的收获是眼界开阔了，知道从学生的角度去备课、上课，而不是过去的满堂灌。”英语教师李军贤这样谈论她的感受。

事实最能说明问题。近两年在各级课改评比中，任县获省级一等奖2项，二等奖9项；市级一等奖9项，二等奖7项，全县教育教学质量在短时间内得到了较大提升。2008年，在邢台市教育督导评估中，任县跃居全市第6名，进步幅度惊人。也是在这一年，任县被省政府授予“河北省教育工作先进县”。

节选自《让农村孩子享受一流的教育——任县“农村教育城市化战略”探秘》

5. 创新考核激励机制

为了更好地贯彻落实任县农村教育城市化的战略，进一步加强学校教学管理，提升教育教学质量，调动教师的工作积极性、创造性和主动性，打造一支优秀的教师队伍，任县教育局创新考核激励机制，开展星级教师评比和星级学校评选活动，切实推进任县教育改革，办好人民满意的教育。

(1) 星级教师评比

随着教育事业的发展，高级教师年轻化成为客观事实，很多教师在三十四五岁时就评上了中学高级、小学高级，不断涌现的年轻高级教师容易出现缺乏奋斗目标的问题。他们往往产生一种“职称到手，职称到头”的想法，从而降低自己工作的积极性，产生动力不足的现象。加之目前的职称评定具有终身制的特点，上了以后就很难下来，按资排辈的文化氛围容易导致工作时间长了、职称也就高了的心态与现实。除了职称评审外，还有一个学科类的评比，往往是阶梯式的，如教坛新秀、学科骨干、名教师的三层次模式，这类评比的专业性也导致了其单一性的问题，突出表现在对教师的师德、班级管理、德育工作能力等综合素质的关注显得不够，不利于教师的个性全面发展，而且这种评比一般只有少数特别优秀的教师才能在这条道路上找到自己的位置，很多教师一旦错过某个环节就只能退出这个舞台。如由于各种原因年轻时没有获得教坛新秀的荣誉，等年龄大了、有能力有时间去拼搏时也会因年龄限制无法参评①。

因此，为了鼓励教师爱岗敬业、勇于创新、积极改革、锐意进取，专业能力不断发展，业务能力不断提高，合理评价教师，正确引领教师，为教师发展提供交流平台，任县在 2010 年即出台《关于在全县开展星级教师评选的实施意见》的通知，在全县开展明星教师评选活动。评选标准除了教学业绩外还非常看重教师爱岗敬业、创新改革等方面的能力。

明星教师评选的类型。从教育教学能力、职业素养和改革创新能力等多个角度，将明星教师划分为模范星、质量星、能力星、教改星和专家星五个等级（如表 1 所示）。

明星教师评选的方法。分为单星评选和多星评选两种。

单星评选：学校和教师可以按评选类型评选某一类型教师，评选结果按单项命名。

① 周谷平，戴嘉敏．全民优质教育均衡发展的区域探索［M］．山东教育出版社，2009：12

表 1 明星教师评选的类型

名称	类型	主要特征
模范星	劳动模范型	爱岗敬业、无私奉献、教书育人、默默无闻
质量星	成绩突出型	爱岗敬业、为人师表、能力突出、成绩优秀
能力星	能力突出型	思想先进、能力突出、勇于改革、敢于创新
教改星	改革创新型	善于学习、善于研究、积极改革、富有成效
专家星	教学专家型	有思想、有理论、有水平、有建树

多星评选：学校和教师可以根据教师实际情况评选多星教师，按相应星级命名。多星教师必须同时具备多星级特点。教师星级逐级增加，不能跨越评选，没有星级的教师可以申报一星级教师；已经取得星级教师的要循序申报，不得跨级评选。县教研员和学区教研员可以直接评选三星级以上教师。

明星教师评选程序。A. 教师自报。B. 教师和家长及学校领导推荐。C. 学区和学校成立明星教师评选小组制定评选标准进行评选。D. 评选结果公示。E. 学区将教师申报材料和评审推荐材料交教育局评审组。F. 教育局成立评审组通过查阅资料、实地考察等方式对候选人进行评选。G. 命名、颁发证书并进行奖励。同时规定星级教师不搞终身制，每年评审一次。

明德小学教师王占彩参加明星教师评选

(2) 星级学校评比

为了更好地提高校长的工作积极性和主动性，加强校长队伍考核激励，除了常规的校长量化考核（如表2所示）外，还专门开展星级学校评比活动，进一步加强教学常规管理，深化课程改革，增强学校发展的内驱力和外动力，切实推进学校在教学改革领域有所突破，教学质量大幅提升，师资队伍素质水平不断提高，办好人民满意的教育。

表2　任县校长量化考核评分细则

考核项目	考核内容	考核档次（分数）	考核得分
个人述职（8分）	根据个人述职及实际工作，德、能、勤、绩考核情况	8、6、4、2	
民主测评（10分）	组织一定数量的学校领导和教师填写民主测评票	10、7、4、1	
学校管理（72分）	学校办学思想、理念和目标、规章制度健全完善情况	5、3、1、0	
	校务会议及重大事项集体研究记录情况	5、3、1、0	
	学校年度目标制定、执行、落实情况	5、3、1、0	
	学校财务管理情况	5、3、1、0	
	校园文化、环境卫生、师生文明礼仪情况	5、3、1、0	
	校长听课、评课、任课情况	5、3、1、0	
	校长领导参与教研活动情况	5、3、1、0	
	教师备课教案、作业批改情况	5、3、1、0	
	课程开设、素质教育、德育工作情况	5、3、1、0	
	贫困生后进生管理、家校合作情况	5、3、1、0	
	教师优质课、论文等评比及教师培训情况	5、3、1、0	
	组织大型主题活动参与情况	5、3、1、0	
	教职工上岗、请假情况	5、3、1、0	
	学生中考、抽测等成绩情况	7、4、1、0	
安全工作（10分）	安全制度、防范措施建设、应急预案准备情况	5、3、1、0	
	学校安全事故发生情况	5、3、1、0	
合　计			

明星学校类型及评选标准。明星学校的评选主要针对任县义务教育阶段教学管理规范，教学成绩、教科研、教学改革等方面成绩突出的先进中小学。具体标准如表 3 所示。

表 3 明星学校类型及标准

星级	主要特征	评选标准
一星	教学管理规范化	学校各项规章制度健全实用，备、讲、批、辅、考、研、训等常规管理工作规范有序
二星	教学质量高	教学成绩突出，在教学质量“大比武”中或其他教学成绩评比中成绩优秀，得到社会认可
三星	积极进行教学改革	积极进行教学改革试验或开展课题研究。能够积极承担上级教研部门的各项活动，积极配合和完成上级教研部门布置的各项工作任务，积极组织参加上级教育行政部门和教研部门组织的论文评选、调研、竞赛、公开教学等活动，且成绩优秀，有上级立项的课题研究并取得一定成果
四星	教学改革成效显著	实行全员性教学改革。学校每位教师都能积极参与教学改革，学校每年至少举办两次专题学习研讨活动，帮助教师掌握前沿的教改理论，指导教师应用现代教学方法和教学手段，进行改革教学模式的研究和实践
五星	教学改革独具特色	学校每一位教师都业务精湛，有自己独特的教学手段和方法，教学水平高，成绩突出，形成全员性优质教学团队
六星	形成独特的教研文化	学校有自己的办学特色，形成独特的教研文化，能做到以研促教、以研兴校

明星学校评选办法。明星学校星级逐层增加，不能跨级评选。教学管理规范为一星级学校，“规范＋质量”为双星级学校，“规范＋质量＋改革”为三星级学校，以此类推确定学校星级。

明星学校评比程序。A. 学校自评：学校根据自身特点确定星级，写出自评报告。B. 学区认定：学区对学校进行考察和指导，写出评价报告。C. 学区将学校自评报告和评价报告报教育局教研室参评。D. 教育局评估组审阅材料并到学校实地考察，结合学校历史与现实给予评定。E. 公布评定结果并颁发星级铜牌。

明星学校评选要求。明星学校类型的确定，为学校提供了激励性的奋斗目标，各学校要为自身现状定位，又要确定更高层次的奋斗目标，提高学校办学水平，形成独特的学校文化。达到一星的学校要努力追求双星，达到双星的学校要努力追求三星，以此类推不断升级。各学区要积极鼓励、支持、引导学校通过参加星级学校评比上档升位。同时规定明星学校不搞终身制，每年审核认定或评选一次。

为五所学校颁发星级学校奖牌

六、“一个舞台”统筹城乡学校特色化内涵发展

把提高质量作为教育改革发展的核心任务。树立科学的教育质量观，把促进人的全面发展、适应社会需要作为衡量教育质量的根本标准。树立以提高质量为核心的教育发展观，注重教育内涵发展，鼓励学校办出特色、办出水平，出名师，育英才。

——《国家中长期教育改革和发展规划纲要（2010—2020年）》

学校内涵式发展，是指学校在自身现有条件下，利用学校内部的资源，通过各种途径，深入挖掘和形成学校内部的发展潜力和发展机制，使学校内部迸发出勃勃生机，形成学校特色，推动学校持续发展。① 内涵发展主要表现在学校办学理念、学校发展规划和共同愿景、师生核心价值观、学校文化品位、有效学校管理、教育教学改革和创新、综合办学实力水平等方面，核心是以人为本的发展，即师生的最优化发展②。

（一）学校内涵式发展的重要意义

1. 学校内涵式发展是办好人民满意的教育的必然选择

2006年召开的全国教育工作会议上，胡锦涛同志和周济部长都强调

---

① 周德玉．试论中小学内涵式发展的主要策略［J］．重庆文理学院学报（社会科学版），2007（4）：27

② 孙世杰．基于学校内涵发展的有效管理理念分析［J］．当代教育科学，2010（8）：29—32

要办人民满意的教育。2010 年颁布的《国家中长期教育改革和发展规划纲要（2010—2020 年）》在指导思想中再次强调“办好人民满意的教育，建设人力资源强国”。在教育资源相对不足甚至短缺的前提下，地方教育行政部门和学校可以依靠结构优化、资源共享、效能提高以及制度保障来促进教育的均衡发展。加之新课程改革正在纵深推进，走内涵式发展道路是办人民满意教育、确保新课程改革成功、实现教育均衡发展的必然选择。

2. 内涵式发展是学校发展的内在动力

内涵式发展是在基础教育外在条件极大改善、学校规模发展告一段落、课程改革需要继续深入、学校管理水平亟待提高的背景下提出的，这意味着改革的注意力要转到学校内部，教育质量的提高要摆在突出位置。内涵式发展不为国家和学校增添新的财政负担，而是依靠地方教育行政部门和学校发挥主观能动性，因地制宜，其本质特征是“生成”，是在自身创造各种条件的基础上，充分挖掘现有资源的最大潜力，改革教育教学过程，以实现教育均衡的目的。内涵式发展有助于解决资源有限和需求不足的矛盾，提升资源的利用效率，也有助于巩固新获得资源的利用效果，形成学校发展的内在动力、氛围和态势。

3. 学校内涵式发展是实现学校可持续发展的重要途径

学校内涵式发展以促进学校教师和学生的发展为前提，从根本上转变办学取向，利用现代管理方法和思维变革传统上以行政事务为中心的学校管理思维模式，充分发掘学校现有教育资源的巨大潜能，调动全校师生的积极性和主动性，实现学校的自主发展和师生的成长。改善学校管理方式，提高学校办学质量，实现学校可持续发展，成为当前学校改革的核心内容，走内涵式发展的道路是实现学校可持续发展的重要途径，也是最终提升学校办学质量的必然选择。

（二）任县学校内涵式发展面临的挑战

任县政府每年对基础教育的投入与日俱增，新课程改革也在稳步进行。但是由于集约化办学和学校规模的扩大，任县学校面临着向现代学校的变革，在一些外部学校建设和设施设备改善的同时如何实现“内外兼修”，如何促进任县学校的内涵发展，这也成为了任县教育改革的重点内容。

1. 学校内部发展与改善学校外部条件不同步

任县教育发展的政策性保障日臻健全与完善，经济支持正在增强，任县学校的硬件提升很快。但是一个学校最关键的不是将校园建设得多么漂亮或是多么先进，关键是如何在拥有较好的硬件设备后如何去满足百姓对优质教育的需求。任县一些学校拥有先进的教育教学设施却仍旧用最传统的方式进行教学，学生的全面发展受限。任县学校应该在提升教学质量和学生的综合素质上下功夫，最大限度地满足百姓对优质教育的需要，更应关注自身内涵发展。

2. 课改没有体现真正的成效

任县也在课改方面做过多种努力，但由于有些学校或教师仅仅把课改作为形式工作进行应付，没有让新课改和素质教育深入到学校的日常行为，深入到课堂实践中去，导致课改并没有从实际上转变为课堂行为和师生交往行为，也就没有能够真正体现其成效。聚焦学校日常生活，提高课堂教学实效，关注课堂行为改进，应该成为任县学校发展的重大课题。

3. 学校管理有待规范化和精细化

近年来，任县中小学办学水平不断提高，管理水平也在不断提升，但离“办人民群众满意的教育”还有一定距离，表现在某些学校缺乏明确的学校发展目标和愿景，对学校发展面临的问题和困境把握不够，重文本建设、轻制度落实，重活动组织、轻活动实效等，很多时候能提出较好的方案和想法但没有去实践，或是实践过程不规范。关注学校内涵式发展，无疑对管理者的管理水平提出了更高的要求。

4. 规模发展基本完成，办学质量有待提升

任县很多中小学的规模发展已基本完成，但学校的办学质量仍有待提高。在新的发展阶段，很多教师的事务性负担较重，少有研究的时间和思考的心情，教研组的功能、作用没有充分发挥，活动的质量和效率低下。如何提升校长的课程领导力、教师的课堂执行力和学校整体质量等已成为任县学校内涵式发展的重要内容之一。

（三）任县学校内涵式发展的举措

面对挑战，任县在改善办学条件，保证教育的硬件设施的同时开始重视学校的内涵式发展，在办特色学校及其校园文化、教学质量评估、班级管理、家校互动、素质教育等方面都有着较为突出的发展。

1. 规范化校园文化建设

一个办得很成功的学校，应以它的文化而著称。

——美国教育家伯尔凯

校园文化是学校内涵式发展的重中之重，是学校优良传统的真实反映，更是凝聚和团结师生共同为实现学校办学目标的精神动力，校园文化在某种程度上是教风、学风、校风的集中体现，是真正意义上的学校内涵式发展。

内涵建设强调学校教育的内部动力和内部创造力的不断优化重组，注重对教育资源整合、组织执行、教学、科研等的整体提高。通过学校教育系统“内在关系”的自发组织、自觉调控、结构调控来提高工作质量和教育效率，从而促进学校教育的发展。一所优秀的学校不是被某一个领导强制管压出来的，而是靠学校制度和学校文化发展起来的。管理中真正起作用的是管理文化，其核心是价值观、人才观。管理文化不仅表现在师生日常不易觉察的语言和行为中，更表现在师生对“智慧、真、善、美、自由、公正、幸福”的自觉刻意追求中。学校内涵的提升、教

育的发展，正促进了这种学校文化的形成。①

随着农村教育城市化的深入，为了进一步加强中小学教育教学管理，提升办学档次和办学品位，营造良好的育人环境，全面推进素质教育，任县教育局在邢台市提出的2009年“校园文化建设年”活动中，积极扎实提高全县校园文化建设水平，以中小学生为主体，以建设优良的校风、教风、学风为核心，以优化、美化校园文化环境为重点，以构建“平安、文明、和谐校园”为目标，以丰富多彩、积极向上的校园文化活动为载体，形成厚重的校园文化积淀和清新的校园文明风尚，使学生在日常学习生活中接受先进文化的熏陶和文明风尚的感染，在良好的校园人文、自然环境中陶冶情操，促进青少年全面发展和健康成长。

校园文化是以学校物质条件为基础的物质文化和以人为中心的精神文化的统一，是学校环境、规章制度、文化氛围、活动形式等要素的总和。任县教育文化体育局本着“高雅、特色、和谐”的原则，争取做到“五化一品位”，即硬化、净化、绿化、美化、亮化和文化品位，突出教育性、主体性、特色性，形成校园文化建设长效机制，进一步丰富校园文化内涵，逐步实现教育均衡发展，实现每一寸土地都有管理的痕迹、每一处角落都有育人的功能，加快任县农村教育城市化的进程。

（1）努力培育校园精神文化

大力加强校风建设。校风体现着一个学校的优良传统、精神风貌。要认真总结和提炼本校优良传统，通过各种载体和活动弘扬中华民族特别是邢台“忠、孝、仁、义、信”的优秀历史文化传统，努力营造团结和谐、开拓进取、求实创新的校风。通过一定的物质载体将校风表现出来，如通过设计、提炼和创作校徽、校训、校歌，编辑校报、校刊和制作校风宣传牌等形式，让师生耳濡目染，受到熏陶和激励。同时，还可通过建立校史陈列室、荣誉室，举办校史展览、校庆活动等，增强师生对校史、校风的认同感和自豪感，从而增强凝聚力和向心力。

努力营造优良的教风。教风是教师在长期教育实践活动中形成的教育教学的特点、作风和风格，是教师道德品质、文化知识水平、教育理

① 刘厚宝．浅谈学校文化建设与学校内涵发展的密切关系［J］．新课程·小学，2011（12）：11—12

论、教育技能等素质的综合表现。各学校帮助教师确立正确的教育观、人才观、质量观，搞好师德建设，逐步形成以"爱生"和"敬业"为核心的师德规范。教师要对学生身心发展和社会未来高度负责，严谨治教，为人师表，成为学生的良师益友，赢得学生的普遍尊敬。要将师德活动制度化，全面加强教师的政治素质、道德素质，提高其文化修养。

培养学生良好的学风。学风是指学生集体在学习过程中表现出来的治学态度和方法，是学生在长期学习过程中形成的学习习惯、生活习惯、卫生习惯、行为习惯等方面的表现。要教育学生树立远大的理想，养成良好的学习习惯，努力学好本领，逐步形成举止文明、尊重师长、勤奋刻苦、博学善思的优良学风。采用流动小红旗、星级挂牌等形式开展文明班级、星级宿舍、学习标兵、卫生标兵、生活标兵、行为习惯标兵等评比活动，全方位规范学生行为，营造良好班风，以良好班风培育良好学风。

(2) 加强建设"五化一品位"的校园环境文化

雅洁、和谐的校园环境是一种无声的教育，它对学生道德品质的形成起着不可替代的作用，它熏陶浸染、润物无声。校园环境包括硬环境和软环境，只有进行合理规划、科学设计，方能彰显学校魅力且发挥其潜在的育人功能。

校园的净化。校园内无杂草、纸屑、果皮、塑料袋、痰迹、碎砖烂瓦等污物，垃圾池及时清空，处处干净卫生，无卫生死角。全面治理校园内存在的"脏、乱、差"现象，时常保持办公室、教室、实验室等各类教育场所和宿舍、食堂、厕所等生活设施都干净卫生，墙壁、报栏和宣传橱窗等整洁、有序。师生都要有很强的环保意识，无乱扔纸屑、杂物现象，使校园始终保持干净整洁、文明和谐，成为师生工作、学习、休憩的理想场所。要定期、不定期地进行各种形式的检查评比，开展"卫生标兵""文明班级""文明办公室"等评比活动，提升校园环境的建设水平。

校园的绿化。校园绿化合理规划，建设一定面积的绿地。绿地建设要栽多种多样的花草，努力做到四季常青、三季有花。以实用、经济、美观为原则，以绿色植物造景为主，花坛为辅，特别要抓住春季植树造林的大好时机，搞好绿化工作，适当设置景点，做到点面结合、布局合理、搭配协调，能体现一定的象征意义，提升校园绿化的文化品位，营造赏心悦目的校园环境。校园绿化提倡园艺化，要寄寓一定的象征意义，提高绿化的文化品位，建设花园式学校。要加强对绿化工作的目标责任制管理，组织全校师生定期对全校花草、树木、绿篱进行修剪、养护，努力使校园春有花、夏有荫、秋有果、冬有绿。仅2009年全县学校就新增绿地面积23590平方米，新植各类树木8234棵。昔日“尘土满天飞，纸片满地走”的现象彻底绝迹，取而代之的是一所所三季有花、四季常绿的花园式校园。

校园的美化。学校美化要突出环境美和育人氛围，以美来教育、熏陶学生。亮点学校树立标志性雕塑，建设校史展览馆（室）等，增强学生的集体自豪感，形成爱学校、爱师长、爱学习的良好氛围。充分发挥班级活动经费的作用，完善读书角、阅报栏、学生作品展示栏、班级名片等班级文化硬件设施。办公室、专用教室等要饰以与环境相协调的体现公民道德规范、职业道德要求、素质教育实施、课程改革目标、人文精神培养、终身发展需要等内容要求的名人画像、名人名言、人文景观图等，在教学楼主楼外围贴上醒目的、具有时代气息的标语，各种标牌设置都要美观、精致，使学生耳濡目染，在潜移默化中受到艺术熏陶和思想感染。全县中小学累计投资90余万元，设置了文化长廊、文化墙和文化橱窗，构建了以“办学思想教育系列”“养成教育系列”“科技教育系列”“成功教育系列”等为主题的六大文化系列活动，营造了浓厚的校园文化氛围。各学校还制定了体现本校精神风貌和办学特色的校徽、校歌，学校日常管理也进一步健全和完善，定期评选文明教室、文明办公室、文明宿舍等。如今，“一校一特色”的格局已初步形成。

校园的语言文字。进一步规范师生校园语言文字，大力推广普通话，师生语言要文明礼貌，仪表端庄大方。重新审定校徽、校歌、校训，一经定稿要用高标准的泡沫刻字、铜字等形式展示在学校显要位置。校园内使用文字要规范，学校各种标牌标志设置要美观、精致，提示用语突出个性、体现人文，要使用诗一般的语言，在提醒学生的同时，陶冶学生情操，避免使用“禁止”“不准”等生硬词句。

楼梯文化

文化墙

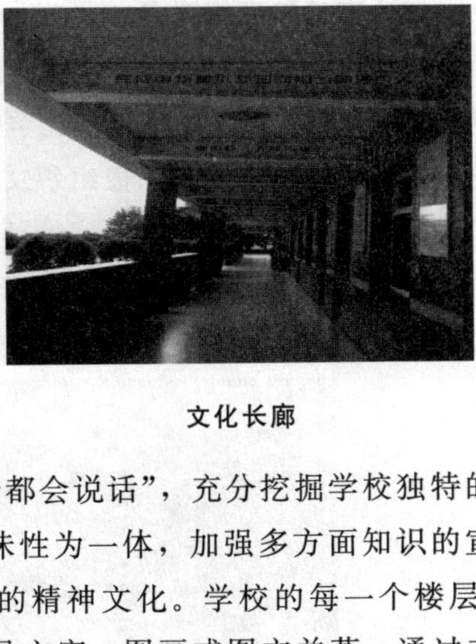

文化长廊

校园环境的知识化。“让每一堵墙都会说话”，充分挖掘学校独特的文化底蕴和人文资源，融知识性与趣味性为一体，加强多方面知识的宣传与普及，培育出紧扣学校发展主体的精神文化。学校的每一个楼层、每一面墙壁可设一个主题，形式可以是文字、图画或图文并茂。通过丰富多彩、生动活泼的校园活动，形成动态文化机制，通过板报、橱窗的科普教育、花草树木旁悬挂的小牌、学习园地以及举办知识竞赛等方式，学生在受到艺术美的熏陶的同时，学到丰富的知识。

(3) 形成丰富的校园活动文化

精心组织升旗仪式、校会、团会、队会、班会等常规活动。充分发挥教师能动性，创新常规活动的形式和内容，保证每次活动都能给学生留下深刻印象，让学生受到启发和教育。

从学校实际出发，组织好诸如校园艺术、体育、科普等各种融趣味性、思想性和知识性为一体的文娱活动。拓宽学生知识视野，培养学生活动技能，规范学生的言行，陶冶学生的情操，丰富学生的精神文化生活。学校的运动场地不用铁栏杆隔离，要真正让学生用起来。各学校在促进学生全面发展的基础上，要注意发展有特色的文体活动。例如，国学经典诵读和太极拳是任县的两大特色。近几年，任县中小学诵读国学，践行“忠、孝、仁、义、信”，体育课打太极拳蔚然成风，在省市的太极拳比赛中赢得社会各界的赞誉。任县北街村是董氏太极的发源地，在调研中北街小学学校墙面上画有二十四式太极拳动作，全校师生均会打太极，太极文化蓬勃发展。

结合本校特点组建各种形式和内容的学生社团或兴趣小组，如文学社、书画社、爱心社、合唱团、舞蹈队、球类队、演讲朗诵等，安排有目的性和方向性的学生活动，让学生在社团活动中自我管理、自我教育、发展特长、张扬个性。积极组织文学社、爱心社学生分别参与报刊撰稿和到敬老院志愿服务等社会实践活动，为学生提供广阔的舞台，丰富学生社会经验，开发学生的潜能，同时增强学生的社会责任感，扩大学校的影响力。

北街小学太极拳团体参加社会活动

北街小学太极拳团体参加演出

北街小学太极拳切磋练习

依托重大纪念日、节假日，定期不定期开展演讲赛、小制作比赛、文艺表演、运动会和才艺大赛等，给学生提供更多的展示机会，让学生体验到成功的喜悦，丰富学生的课余生活，提高学生的综合素质。活动后注重总结经验、提炼成果，在校园适当位置展示能体现学校办学理念、办学特色的周报、期刊、社团活动作品，并定期更换。

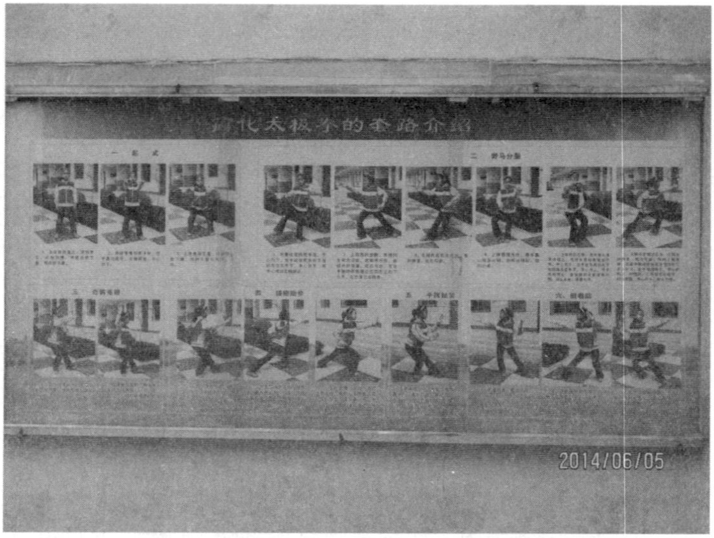

北街小学太极拳套路介绍

多渠道、全方位开展教育活动。规范性召开每学期两次的家长会，坚决落实教师家访制度，积极开展假期社区实践活动。亮点学校要发挥校园网、互联网等媒体作用，其他学校要充分利用校园广播站，全方位开展德育活动，延伸校园文化生活。如 2010 年 1 月，任县教育局在全县开展“感恩教育月”活动，进行了“三一系列教育活动”，通过“和父母谈一次心”“为爸妈洗一次脚”“帮父母做一次家务”使学生体会父母的养育之恩；通过“说句暖心话”“献一张贺卡”“写一封信”等活动表达对老师的感激之情；通过“同学如手足”演讲会、“为同学做一件有益的事”“为集体争一次光”等活动，营造互帮、互助、互学、互进的良好氛围；通过组织学生参与“种一盆花”“领养一片绿地”“做一天环境志愿者”等活动培养学生敬畏生命、保护环境的意识。

充分利用学校阅览室和图书室，积极开展读书活动。要办好学校图书馆（室），在增加藏书量的同时，更要重视增加学生的阅读量，开放阅览室。积极引导教育学生多读书、读好书，培养良好的读书习惯，利用讲座、演讲、征文、校园读书周（月）等形式，推动学生读书活动的开展，丰富学生的精神世界。

北街小学传唱经典红歌活动启动仪式

感恩主题教育中班主任和学生家长

社区清洁

小小宣传员活动

学生参加志愿者护林活动

(4) 建设个性班级文化

建设班级文化，张扬个性。校园是大家，教室是小家。班级是学校机体的细胞，是学生成长的摇篮，是学生在学校中的“家”，是实现学生成长和社会化的重要基地。德国著名社会心理学家勒温说过：“孩子所处的环境、社会氛围与孩子所呼吸的空气一样重要。”优美的教室环境建设是班队文化的外显，是一种有形无声的隐性教育。教室是师生生活时间最长也最能发挥育人功能的地方，班级文化建设对学生的品格、习惯形成发挥着至关重要的作用。在一个窗明几净、充满文化气息的环境中学习，师生将会身心愉悦，对学生学习兴趣、学习生活习惯养成、学业成绩的提高均会产生积极影响。创造良好的班级文化，能丰富学生的精神生活，发展学生个性，培养学生能力。

自主创设班级物质和环境文化。学生是班级的主人，班级属于每一个学生，要让学生人人都参与班级建设，激发爱班的热情，增强班级的凝聚力。为此教师提出了一系列“自己来”，即班规自己定，班歌自己编，班级自己管，同学自己帮，活动自己安排，教室自己布置，班干轮流当等，让每个学生的个性都得到充分发展。①

班级一角

美化教室环境，让教室充满育人氛围。“让教室的每一堵墙充满情和意”，即教室里的每一幅画、每一句标语、每一个评比都激励着学生去奋

① 李伟英．加强校园文化建设　促进学校内涵发展［J］．广西教育，2008（31）：9—10

斗、去进取。班级建设还应注重“三角”“四墙”的设计，“三角”即中队角、卫生角、知识角，“四墙”即展示墙、评价墙、信息墙、板报墙。如任县邢湾镇穆口小学以班级管理特色闻名全县，“红花班”“小草班”“书香班”“聪明屋”，穆口小学每个班级都有自己响亮的名字，教室的四面墙壁上“愿望袋”“一句话日记”“四季诗”“星语星愿”“红花榜”“图书角”等各具特色的主题园地将学生的学习、品德、劳动、行为习惯等方面都涵盖进去，激发了学生的学习兴趣，促进了孩子健康成长。为了更好地保证班级活动的顺利进行，任县安排每学期每生有不低于 15 元的班级活动经费，用于班集体办公用品和其他班级活动。

班级一角

（5）构建有利于学生健康成才的制度文化

“国有国法，家有家规。”学校要生存、要发展，离不开制度的建设。一套先进科学的学校管理制度能使学校的领导、教师和学生关系融洽，促使整个学校充满活力，形成合力，健康快速地发展。① 完善的管理制度是学校师生行为的准绳，是校园文化的重要内容和表现形式，是学校教育教学活动顺利进行和良好校风形成的根本保证。各学校要遵循依法治教、依法治校、以人为本的精神，建立健全科学的管理制度，使各项工作有章可循，形成既有统一意志，又有使个人心情舒畅、生动活泼的制度环境，促进广大师生形成良好的行为习惯、健康文明的生活方式、高尚的道德情操和积极向上的精神风貌。

校园制度文化包括学校的传统、仪式和规章制度等，是维系学校正

---

① 李伟英．加强校园文化建设 促进学校内涵发展［J］．广西教育，2008（31）：9—10

常秩序必不可少的保障。学校要建立健全科学的管理制度体系，使各项工作有章可循，真正体现依法治教、依法治校，保证学校各项工作的开展与落实。制度最重要的是遵守与落实，要将学校制度文化转化为师生的内心规则和外显行为。制度面对的是有思想、有个性、有感情的人，学校在具体执行过程中应奖惩结合，以惩来强化刚性约束，以奖来强化柔性激励。因此，学校还应制定一系列的奖惩制度，通过强化对师生的正向激发，制度的静态文化逐步转化为动态文化，师生的自我约束和自我管理水平会不断得到提升①。

(6) 构筑以人为本的教师文化

文化的核心和载体都是人。马克思主义辩证唯物论认为，人是社会的、历史的，离开社会历史的大环境就无法把握抽象的人。校园文化最终体现在个体的素质修养和行为中。新一轮课程改革的核心理念之一就是树立“以人为本”的发展观，它要求充分地关注人、尊重人、发展人。苏霍姆林斯基说过：“教育的最主要最显著的效果，体现在要使一个人开始思考自己是怎样的人，自己身上有哪些优点。如果不引导学生观察自己，思考自己的命运，再好的教育方式也是毫无用处的。”只有把现代学校文化融入每个成员的意识和行为，并让每个成员鲜明地体现个体文化特征，才能构建具有生机活力的现代学校文化②。除了适应学生的特性，满足其需要外，针对学生的特性，更应加以积极的引导和提升。我国古代儒家很早就主张管理是一种“教化”，我们应当把教育纳入学校管理的视野。建构人本教师文化，不仅可以形成民主和谐的教育氛围，还可以实现教师的自我教育，提升教师素质。

强化责任意识。孔子曰：“其身正，不令而行；其身不正，虽令不从。”教育是一项爱与责任的事业，责任是义务、道德、态度，更是一种精神。教师的责任可以改变学生的行为习惯，改变学生的心灵。首先让教师明确教师是学校的主体，只有教师发展了，学校才能发展；只有教师培养了，才能培养学生的高素质。“学为人师，行为世范”告诉我们教

① 熊晓峰．文化立校推动学校内涵发展——学校校园文化建设析议［J］．学校党建与思想教育（下半月），2011（10）：90—91

② 同上。

师需从师德抓起，《教师职业道德规范》《教师行为十不准》等法律条规则是教师首先要学习的内容。从古代大教育家孔子的“当仁，不让于师”，到近代教育大师陶行知“人生为一大事来，做一大事去；捧着一颗心来，不带半根草去”的奉献精神，责任和爱生生不息，代代相传。教师应及时关注孩子的表现，及时进行评价、鼓励和引导。

树立学习意识。美国领导与教育国际中心主任威拉特·达吉特博士断言：“我们的孩子将生活其中的世界正在以比我们学校快4倍的速度变化。”为了适应这样的变化，我们只有不断学习。而作为人类伟大工程师的教师更是应坚持团体学习、终身学习、持续学习，打造学习型教师团队。教师团队的质量是学校的核心竞争力，课堂教学能力是教师八项能力中最重要的一条，通过校本研修、专业引领、同伴互助、自主研修，提升教师的专业功底、科研能力、教学水平、学习能力等。学校可根据不同的发展水平和需求，分段分层提出个体专业发展要求，搭建平台，让各个层次的教师，分别选择适合的发展目标和发展路径：职初教师可通过“师徒结对式”，让新手的教学知识有效转化为教学能力，促进经验的快速形成；有经验教师可通过“教育视导式”，由校内本学科资深教师进入课堂视察，严加剖析，不断提炼经验，促使其较快成长为学科骨干教师；骨干教师则通过“名师引领式”，校内外知名教师（教研员）跨学科组团实施合作互动，对课例进行细致深入探究，强调反思，促成教育科研能力的提高，成长为研究型教师；研究型教师要通过“自主完善式”，学校引导他们积极申报各级各类课题，系统研究教育教学问题，实行自主研修、自主完善，要求出经验、出思想，并积极争取成为市区级名优教师，[①] 以此形成严谨博学、和谐健康的教师文化。通过“请进来”和“走出去”相结合的培训学习方式不断提高教师业务能力，鼓励教师参与学校课题研究，撰写论文，形成“人人有课题，人人研课题”的浓厚研究氛围。

2. 精品学校管理

学校内涵式发展的目标即是要建立精品学校，任县2012年出台《关

---

① 徐文祥．学校内涵发展：挑战与策略［J］．中小学校长，2009（11）：23—26

于加强教学科研工作打造教学管理精品学校的实施意见》，提出"实施精品化战略，打造精品学校"，这是任县教育局实现建设教育强县的总体目标的有效举措，以教学科研为先导，以建设精品课程为载体，以打造精品学校为目标，搭建教学交流平台，推进教育内涵式发展，建设一支优秀的教学研究队伍和教学实践队伍，形成教学创新机制，有效促进教学质量的提高，致力于农村教育向着精细化、科学化、标准化、现代化方向迈进。

（1）依托精品化课程打造教学管理精品化学校

精品学校建设离不开精品教学管理，精品化教学管理是精品学校建设的重要而核心的内容，主要包括精品教师队伍、精品管理队伍、精品教学理念、精品教学设计、精品课堂教学、精品作业批改、精品教学评价、精品教研活动、精品教学质量、精品教学成果诸方面。

教学管理的精品化最重要的就是精品课程的建设。精品课程是一流的教师队伍，一流的教学方法，一流的教学管理和一流的教学质量的优质课程。逐步完善建立精品课程立项申报、实验研究、评估验收制度，促使学校抓好学科建设，带好教学团队，更新教研制度，全面提高教学质量。

（2）创建精品教学论坛

任县以教研室为主体建立业务学习、交流、展示制度，定期开展教科研论坛，每周至少一次，创设学习、研究、总结、展示的交流平台。努力打造县域精品教学领军团队，形成任县教科研理论高地，用正确、先进、丰富的理论和真实、有效、宝贵的经验引领任县教育实践，把握时代脉搏，为任县教育建设献言献策，为教育发展尽心尽力，为任县教育城市化的内涵式发展增砖添瓦，为建设精品课程、打造精品学校持续给力。

初中优质课观摩暨研讨会

教学评估现场会

(3) 建立理论与实践有效对接的教科研交流基地

教研室定时、定期、定点、定主题开展精品教学研究，建立教学联谊学校，与学校融为一体，发现共性问题并分析形成的原因，积极寻求解决的办法，长期开展合作研究。任县教研员走出办公室，走向基层，深入一线与教师交流互动，引领教师发展并开展教改实验，解决实际问题。教研员每学期至少到定点学校上 2 节以上精品教学下水研究课，不断将研究思路应用于教学实践。年轻教研员每周到学校上 2 节精品教学实践课，提高教学理论与实践相结合的能力。教研室主任每学期到定点学校开展 2 次精品教学学术交流活动。

除了常规调研指导外，面向全县开展精品教学“菜单式”和“订单式”服务。“菜单式服务”是指教研室阶段性列出每名教研员有所准备的服务内容，由学校根据需要和兴趣自主选择服务人员和项目，定时间、定地点开展服务；“订单式服务”是指基层学区和学校根据本单位实际需要，自主确定服务名称和服务形式及要求，向教育局发出邀请，由教研室根据“订单”指派人员专项研究并服务。

(4) 搭建校本教研和师资建设的精品教学交流展台

各学区、学校建立精品教学研训制度，开办精品教学经验交流展台即“比武厅”，定期开展每学期不少于 2 次的多种形式的教学经验、教学理论与教学成果交流活动，不仅让本学区、学校教师登台展示、登台比武，还聘请县级以上教研员、优秀教师讲课示范、建言献策，共谋发展，激活本学区“区本教研”和“校本教研”健康发展，实现科研兴校，克服职业倦怠、开展精品教学，提高教学质量，引领教师专业发展，打造敬业爱岗、德艺双馨的教师队伍。

(5) 开办精品教学大讲堂

任县利用教科研中心大楼的先进设备和优越条件，积极发掘全县优质人力资源，合理利用县外资源，每学期至少开办 2 次任县精品教学大讲堂。主讲人员既有全县优秀教师、优秀校长、相关领导和教研员，还会聘请市级以上优秀教师和名校长及知名专家，从更高的层次领航任县教育的发展，有效推动农村教育城市化，努力把教科研中心建成任县教育教学信息中心、教学研究中心、教学资源中心，实现任县教育快速发展，成为省级知名强县。

(6) 创建任县资源共享的教科研网站

任县利用网络科学技术为教学研究与交流提供的快捷、宽广的平台，创建教科研网站，传播国家教育方针政策，传播先进教学理论，搭建教师精品教学研究平台，实现资源共享，转变教研方式，更好更快地为学校服务。

（7）深入开展“一课三卡”教学改革实验

经过2011年一年的努力，任县的中小学“一课三卡”教学改革实验项目已经取得了明显的效果，经过培训、课堂指导、赛课、经验交流、论文评选、课例展示等活动，基本完成了年度目标任务并在一定范围产生了影响力，国培项目——河北省远程教育培训网出现了任县教师对一课三卡的解读和论文、教学案例，河北教育信息网报道了任县实施一课三卡的教改信息。

相关链接

“一课三卡”是指教师的每一节课要使用“三卡”开展教学活动，包括“学生自学卡”“教师导学卡”“目标检测卡”。学生按照当堂学习目标，运用“自学卡”进行尝试性自主学习、合作学习和探究学习；教师运用“导学卡”创设情境、组织教学、引导学习、掌控流程、把握时机、生成效果，达到目标。之后，教师用“目标检测卡”进行检测、反馈、矫正，巩固、拓展并运用知识，达成当堂教学目标。课堂教学基本是“以自学为主体，以导学为辅助，以测学为动力”的三维一体的教学过程。

（8）开展教育部重点课题研究实验

2011年任县第三中学申报立项教育部重点课题“新课程背景下转变学生学习方式”的研究的子课题“语文学习中合作学习、探究学习指导策略研究”，达二新星小学申报立项了子课题“语文学习中合作学习策略研究”。这两所学校被全国语文学习科学委员会授予“教育部重点课题实验学校”。教育部重点课题负责人、杭州师范大学教授王光龙先生亲自到任县做开题报告，对任县课题研究提出了明确的指导意见，做了“转变学习方式，构建学习型课堂”的学术报告。这两所学校的课题组成员在王光龙教授、河北师范大学温欣荣教授的指导下，认真实验，不断总结经验，取得良好效果。2011年11月，全国课题研究年会在江西赣州召开，任县实验学校参加会议并进行了交流，参加了成果评选活动。课题组成员每人撰写了一篇实验论文，共获得优秀成果一等奖 5 名，二等奖 12 名。

国家级重点课题开题报告会在达二新星小学召开

教育部重点课题子课题开题报告会在任县三中召开

(9) 改进教学评价方式

教学评价工作是学校教学管理的重要手段，是教学工作的导向和引领，是教学评估的重要内容，是教学管理规范化、科学化、精细化的重要抓手。任县各中小学认真执行《任县教育局关于加强教学评价工作切实提高教学质量的指导意见》，全面落实评价内容，改进评价机制，促进课程改革，实施素质教育，形成精品课程。

(10) 启动名师培养工程

任县启动名师培养工程，在全县中小学培养和造就了一支专家型、学者型名师队伍，完善了任县普通中小学教师人才梯次结构，引领和带动广大教师积极投身教育教学改革，全面提升任县教师创新能力和队伍整体水平，推动素质教育和新课程改革向纵深发展。

(11) 留足教科研活动经费

任县各中小学从公用经费中留足教科研活动经费，保证教科研活动持续开展。为了奖励教科研工作先进单位和个人，制定了一系列奖励办法。对于承办讲课、讲座、培训任务的优秀教师、教研人员予以适当奖励；对于科研兴校的学区校长和学校校长在评比先进及物质方面给予适当奖励；给予聘请的市级以上讲课人员以适当报酬；给予创建精品课程具有明显效果的教师以教学改革补贴；给予申报立项、实验、获得成果并结题的市级以上课题组以适当奖励；给予名师培养以一定经费和奖励。

3. 教育学术研究成果丰硕

任县各学校在科研引领打造精品学校的影响下，科研项目、学术论文和学术著作等都取得了可喜的成绩，统计数据如表 4 所示。

(1) 课题研究进展现状

从表 4 中可以看出，2006—2013 年，全县中小幼、直属单位共承担国家、省、市教育研究课题 93 项。可以发现，任县在科研项目上已基本构建了国家、省、市一级县四级课题网络，这反映了任县教育科研的整体水平较高，群体性科研的基础较为扎实。

表 4　2006 — 2014 年任县中小学教科研课题研究情况

课题名称	主持人	主持人所在学校	立项时间	结题时间	计划结题时间	批准立项机构
少教多学	赫军玲 李建芳	大屯中心小学	2014.4		2017.12	教育部
“少教多学”与学生语文学习自主性研究	秦立威	甄庄明德小学	2014.4		2016.8	教育部
应用现代教育技术、提高“少教多学”的效率	尹梦东	北街小学	2012.3	2014.5		教育部
同步资源建设——人教版小学数学	姜俊花	西街小学	2007.6	2009.12		教育部
“少教多学”与高效课堂研究	袁　哲	西街小学	2012.12		2014.12	教育部
“少教多学”的课堂教学范式研究	翟惠玲	彰台小学	2014.4		2015.12	教育部
“少教多学”的策略与方法在古诗文教学中的实施研究	宋增群	邢湾镇中	2012.12		2015.5	教育部
应用现代教育技术，提高“少教多学”的效率	宋忆冰	木口小学	2014.4		2017.12	教育部
应用现代技术，提高“少教多学”的效率	李　倩	尼家庄明德小学	2014.3		2017.12	教育部
“少教多学”与学生语文学习自主性研究	秦立威	甄庄明德小学	2014.4		2016.8	教育部
语文教学中合作学习方式的指导策略研究	杜桂冬	达二新星小学	2010.12	2013.5		教育部
小学语文“少教多学”的策略与方法研究	杜桂冬	达二新星小学	2014.5		2015.12	教育部
“少教多学”的策略与方法在现代教学中的实施研究	窦陆辉	骆庄乡中	2012.12		2015.12	教育部
“少教多学”与高效课堂研究	贾少军 刘彦峰	第二中学	2012.2		2015.5	教育部

续表

课题名称	主持人	主持人所在学校	立项时间	结题时间	计划结题时间	批准立项机构
语文教学中学生合作、探究学习的策略研究	高省江	任县第三中学	2010.2	2013.5		教育部
初中与高中语文衔接的校本课程研究	赵孟存	任县教育局教研室	2013.5		2015.5	省教育科学规划办
少教多学	苗济民	城关第二实验学校	2014.3		2015.7	河南省商丘教育文化体育局
初中数学新课标对教师要求的研究	吴进强	大屯中心学校	2007.11	2009.12		邢台市规划办
提高学校德育有效性的研究	李金霞	吴岳学校	2010.3	2013.5		邢台市规划办
农村小学数学课堂有效性教学研究	吴成军	吴岳学校	2010.5		2014.5	邢台市规划办
农村小学留守学生心理问题及教育策略研究	薛艳丽	大屯中心小学	2010.5	2012.5		邢台市规划办
农村小学家庭教育现状、问题与对策研究	李建芳	大屯中心小学	2010.5	2012.5		邢台市规划办
农村学校体育现状、问题及发展对策研究	张永军	大屯中心小学	2010.5	2012.5		邢台市规划办
学科教学中德育渗透的研究	王　新 韩建宾	东栾小学	2010.5	2011.12		邢台市规划办
初中语文课堂教学中落实“三维目标”的实践研究	张瑞华	于盟庄小学	2010.5	2012.5		邢台市规划办
应用现代技术，提高“少教多学”的效率	李　倩	尼家庄明德小学	2014.3		2017.12	邢台市规划办
信息化条件下教学手段与方法的创新研究	吴国玲	尼家庄明德小学	2014.5		2015.12	邢台市规划办
小学生写字能力培养的研究	孙芳芹	北街小学	2010.5	2013.5		邢台市规划办

续表

课题名称	主持人	主持人所在学校	立项时间	结题时间	计划结题时间	批准立项机构
农村中小学学生辍学原因与对策研究	孙芳芹	北街小学	2010.5	2011.12		邢台市规划办
农村中小学家庭教育的现状、问题与对策研究	孙芳芹	北街小学	2010.5	2012.5		邢台市规划办
反思性教学与教学反思研究	冯　娜	西街小学	2007.6	2009.12		邢台市规划办
教学中合作学习的组织策略及其时效性评价研究	段丽华	西街小学	2010.5	2013.5		邢台市规划办
学困生心理特征与教育对策研究	高国卿	彰台小学	2010.4	2011.12		邢台市规划办
反思性教学与教学反思的研究	赵平彩	城关学区	2009.12	2011.12		邢台市规划办
初中数学新课标对教师要求的研究	王国生	旧周中心学校	2007.5	2009.12		邢台市规划办
提高学校德育教育有效性的研究	刘红云	旧周学区朱屯小学	2011.5	2013.5		邢台市规划办
新课程背景下学生自我反思力培养的研究	王海亮	旧周新周小学	2010.5		2014.7	邢台市规划办
有效教学在农村学校的实践研究	赵雅琳	邢湾镇中	2009.12	2010.12		邢台市规划办
初中语文课堂教学中落实“三维目标”的实践研究	张瑞华	于盟庄小学	2010.5	2012.5		邢台市规划办
信息化条件下教学手段与方法的创新研究	吴国玲	尼家庄明德小学	2014.5		2015.12	邢台市规划办
中学生家庭溺爱与学校养成教育的研究	骆铁忠	西固城乡中	2011.9	2014.4	2014.4	邢台市规划办
提高学校德育有效性的研究	刘力霞	任县栾村中学	2007.5	2009.12		邢台市规划办

续表

课题名称	主持人	主持人所在学校	立项时间	结题时间	计划结题时间	批准立项机构
新课程背景下有效进行物理课堂教学	吴文杰	任县栾村中学	2007.5	2009.12		邢台市规划办
提高学校德育有效性的研究	赵素洁	任县栾村中学	2007.5	2009.12		邢台市规划办
反思性教学与教学反思的研究	张　帆	任县栾村中学	2007.5	2009.12		邢台市规划办
学科教学中德育渗透的研究	牛文智	任县栾村中学	2009.5	2011.12		邢台市规划办
农村小学高年级学生学习障碍的发现与矫治的个案研究	刘力霞	任县栾村中学	2009.5	2011.12		邢台市规划办
中小学体育的现状、问题及发展对策研究	白志峰	任县栾村中学	2010.5	2012.5		邢台市规划办
校园文化建设中育人环境的营造与开发的研究	冯玉肖	达二新星小学	2011.12		2013.12	邢台市规划办
农村初中历史教学现状的调查及对策的研究	冯国霞	骆庄学区	2008.7	2010.12	2010.12	邢台市规划办
农村中小学后进生心理问题的防治与矫正研究	窦陆辉	骆庄乡中	2011.12		2014.7	邢台市规划办
“农村教育城市化”背景下中学实验教学中突出学生主体地位的研究	郑玉亮	骆庄乡中	2009.5	2011.12		邢台市规划办
初中学生语文学习兴趣培养策略研究	刘彦峰	第二中学	2012.3		2014.7	邢台市规划办
初中数学“少教多学”课堂教学研究模式研究	郭艳婷	第二中学	2012.3	2013.7		邢台市规划办
反思性教学与教学反思的研究	马国英	任县第三中学	2008.10	2011.12		邢台市规划办
学困生心理特征与教育对策研究	白红芳	任县第三中学	2008.9	2011.12		邢台市规划办

续表

课题名称	主持人	主持人所在学校	立项时间	结题时间	计划结题时间	批准立项机构
新课程背景下角色转化的途径与方法的研究	张秀娟	任县第三中学	2008.10	2011.12		邢台市规划办
中小学生诚信教育研究	毛晓格	任县第三中学	2008.10	2011.12		邢台市规划办
“农村教育城市化”背景下中学实验教学中突出学生主体地位的研究	赵云周	任县第三中学	2008.10	2011.12		邢台市规划办
有效课堂教学研究	于香月	任县第三中学	2010.8	2012.12		邢台市规划办
教师心理健康与调适的研究	郭印朝	辛店镇中	2006.12	2009.12		邢台市规划办
反思性教学与教学反思的研究	刘云棉	辛店镇中	2006.12	2009.12		邢台市规划办
农村小学高年级学生学习障碍的发现与矫治的个案研究	赵云云	辛店镇桥西小学	2011.12	2011.12		邢台市规划办
中小学体育的现状、问题及发展对策研究	孟杏堂	辛店镇中	2010.5	2012.5		邢台市规划办
初中语文课堂教学中落实“三维目标”的实践研究	董月枝	辛店镇中	2010.5	2012.5		邢台市规划办
人际关系对农村中学生心理发展影响的研究	刘志新	永福庄乡初级中学	2006.5	2009.5		邢台市规划办
课堂多样化问答方式与学生学习兴趣关系的研究	梁存安	任县教育局教研室	2010.5	2012.5		邢台市规划办
英语教学规律探索研究	王三其	任县教育局教研室	2008.5	2010.6		邢台市规划办
初中语文课堂教学中落实三维目标的实践研究	张瑞华	辛店镇中	2010.5	2012.1		邢台市规划办

续表

课题名称	主持人	主持人所在学校	立项时间	结题时间	计划结题时间	批准立项机构
农村小学高年级学生学习障碍的发现与矫治的研究	张永格	永福庄中学	2010.5	2011.12		邢台市规划办
农村中小学学生辍学原因与对策研究	侯密朝	永福庄中学	2010.5	2011.12		邢台市规划办
学困生心理问题调查与教育对策研究	霍福亮	任县中学	2010.5	2013.5		邢台市规划办
班主任的工作艺术、方法及专业发展研究	李俊平	任县中学	2010.5	2013.5		邢台市规划办
校园文化建设研究	郭彦龙	第二中学	2010.5	2013.5		邢台市规划办
教学中合作学习的组织策略及其实效性评价研究	王丽静	西街小学	2010.5	2013.5		邢台市规划办
实验学科教学方法与学生个性发展的研究	刘随棉	第三中学	2007.3	2009.5		邢台市规划办
提高学校德育有效性的研究	董克芹	栾村中学	2007.5	2009.5		邢台市规划办
培养学生创新思维教学策略的研究	霍平肖	辛店镇中	2007.5	2009.12		邢台市规划办
反思性教学与教学反思的研究	冯　娜	辛店镇中	2007.5	2009.12		邢台市规划办
新课程背景下有效进行物理课堂教学	郭俊武	任县中学	2007.5	2009.12		邢台市规划办
教学手段现代化与教学效益的研究	耿素蕊	任县中学	2007.5	2009.12		邢台市规划办
阅读教学中教学反思与反思性教学的研究	赵孟存	任县中学	2007.5	2009.12		邢台市规划办
邢台市普通高中校本教研现状及对策研究	马丽丽	任县中学	2010.5	2013.5		邢台市规划办

续表

课题名称	主持人	主持人所在学校	立项时间	结题时间	计划结题时间	批准立项机构
新课程下高中物理课堂教学模式的探究	尹焕芹	任县中学	2012.5	2013.8		邢台市规划办
高效课堂和有效教学模式研究	赵建文	任县中学	2012.5	2013.8		邢台市规划办

（2）研究成果发表及获奖情况

从表4所示的数据统计可以发现，任县2006—2013年，各校及相关部门积极从事科研创作活动，共发表论文427篇，获奖成果282篇，这无疑体现了任县教育科研的质量和水平。

从上面课题研究和科研成果的统计数据可以看出，随着农村教育城市化的不断深入推进，教育科研工作在各校不断生根发芽，成绩喜人，也呈现出良好的发展态势。

各校参与教育科研的意识显著增强。从课题的立项数、获奖数，论文的发表和获奖的情况来看，50%的学校开展了课题研究，95%的学校都有论文公开发表。可以发现，各校参与教科研的积极性都比较高，参与科研的意识明显增强，而且大部分学校的领导都对科研工作高度重视并给予了极大的支持。其中，许多校长、书记都亲自主持课题，他们把课题研究当作培训和培养教师的平台，把课题研究成果结集成册出版发行。多数学校都设立了独立的科研组织机构，并建立了较为规范的科研规章制度，涉及课题申报、课题管理、科研奖励等方面。所有情况都表明，任县各校科研总体发展态势良好。

各校教科研的实践价值得到提升。2006年以来，任县课题研究成果丰硕，获得国家级科研成果奖102项，省级科研成果奖77项，市级科研成果奖103项，获奖论文和案例346篇。科研水平有了大幅提升，尤其在课题研究方面，非常关注课题研究与教育教学实践相结合，使得课题研究过程中也相继产生了一些科研成果，如理论与实践相结合的学术论文、优秀的经验论文、编辑出版的校本教材等。所有课题的关注重点均是本县或本校的教育、教学和管理。课题研究有针对性地解决了任县发展中的很多实际问题，教育科研的实践价值得到提高。

4. 教学质量“大比武”

教学质量是学校的生命线，提高教学质量是学校永恒的主题，也是内涵式发展的实质要求。有位名校长说得好：“‘山不在高，有仙则名。水不在深，有龙则灵。’学校不在面积有多大，装饰有多豪华，有高质量就行。”提高学校的教学质量，必须从实际出发。每个学校都有自己的特点，只有找准问题所在，才能制定出切实可行的解决措施。

提升有效教学，在教学效益上城乡一体。学校内涵式发展必须将重点转移到课堂教学上来，只有深入理解课程、深入理解学生、构建有效课堂，才能面向每一个学生，上好每一堂课，促进每一个学生全面、和谐、健康地发展。提高教师的有效教学对于学生来说是一件意义十分重大的事情，它不是一两堂课，而是贯穿于教师职业生涯的始终。提升有效教学，还要强调“自主”和“改进”。自主就是指把自己当做自己的主人、课堂的主人和学校的主人；“改进”是对教学中已经显现出来的“陈规”进行突破，寻求新的教学效益增长点。要让教师不断学习和研磨有效教学的相关理论，结合自己的教学实践，结合本学科的知识脉络和学习特点，把握所任年级学生的认知结构和年龄特征，进行望、闻、问、切，从而形成一套自成特色的有效教学的行动要领，强化有效备课、有效上课、有效辅导、有效作业、有效测试、有效合作的研究，尤其要注重“构建有效课堂、研究有效训练、讲究有效辅导”三维研究，关注差异，因材施教，加强“前后两个20%学生”研究，确定跟踪对象、建立跟踪对象档案（基本资料、背景资料、问题主述、辅导策略等）、撰写案例、整理交谈记录、反思过程形成体会或启示等。①

为了加快农村教育城市化进程，快速提升小学教育教学质量，在全县范围内形成“比、学、赶、帮、超”的良好局面，从2011年开始任县在全县开展学校教学质量大比武活动。开展教学质量大比武活动是检测教学质量和评比教学工作的重要手段，是调动教学积极性的重要方法，

---

① 徐文祥．学校内涵发展：挑战与策略［J］．中小学校长，2009（11）：9

各学区、学校要开展不同层面、不同形式的教学质量大比武活动，诸如课堂比高效、手段比多样、设备比利用、方法比创新、成绩比高低等，比出干劲、比出成果、比出人才，让一批优秀教师和学生脱颖而出。

任县提高中小学教学质量研讨会

任县小学青年教师教学技能大赛

除了“大比武”之外，任县还积极鼓励各学校进行教学质量展示，一方面展示提高教学质量的活动理念，把醒目的标语张贴或粉刷在学校门口或院落显要位置，营造大干快上、奋发有为的良好氛围。另一方面展示行动方案、措施和办法，让教师和学生都知道要怎么做，不要怎么做，亮出行动指南和行动目标。另外，展出教学质量“大比武”活动中形成的成绩、成果、产品，涌现出的优秀教师和优秀学生及先进集体，用先进人物和榜样的力量激励全体师生争先创优，不甘落后，形成你追我赶的大好局面。通过展示活动，为学校文化增添重要内容和亮色，让提高教学质量成为每一所学校的核心理念和价值观，创建家长满意的校园环境。

除学校间的擂台比武外，还有全县小学青年教师基本功大赛、初中教师说课比赛、初中英语教师口语达标测试、初中九年级英语抽测、优秀教师课改公开课、学科教学论文和教案评比活动，为教师展示、交流教研成果提供了舞台，有利于促进教学质量的提高。

任县小学青年教师示范课展示暨研讨会

总而言之，教学质量“大比武”是多层级、多形式的比赛活动，采取各类学校分类比赛、分类指导的形式，由名校对名校、城区学校对城区学校、农村学校对偏远学校等，在任县形成“以城带乡、中心校示范、全员参与”的教育一体化内涵式发展格局。

青年教师演讲比赛

相关链接

2011 年小学教学质量擂台挑战赛比赛方式

由教育局牵头组织开展全县名校之间的擂台赛。把北街小学、西街小学、南街小学三所学校设为擂台，各学区可选一所或几所完全小学向其中一所被设为擂台的学校提出挑战。教研室负责组织命题、考试、阅卷、登统和成绩公布。比赛时间由挑战学校提出申请，教育局决定。比赛结束后由教育局发通报，总结擂台赛工作。

各学区要在本单位组织进行擂台赛，由学区组织命题、考试、阅卷、登统和公布成绩。在学区范围内设立一所学校为擂台，其他学校进行挑战，比赛时间由学区决定。比赛结束后各学区将总结以文字形式上报教育局。

由几个学校之间自行组织开展分学科、分年级的擂台赛。几所联合学校协商确定擂主并组织命题、考试、阅卷、登统和公布成绩。比赛时间由这几个学校商议决定。比赛结束后各学校将总结以文字形式

> 上报教育局。
>
> 节选自《任县教育局关于在小学开展教学质量擂台挑战赛的通知》任教［2011］24号

5. 家校互动方式多样

随着素质教育的全面深入推行，我们越来越感觉到在影响学生健康成长的众多因素中，家庭教育的地位变得十分重要。如果没有良好的家庭教育，再好的学校教育，最终结果也可能是“5＋2＝0”。孩子健康成长的有效途径应该是家庭教育与学校教育的有机结合，形成教育的最大合力，学生才能在健康的环境下成长。

（1）家校汇

任县第二中学的“家校汇”就是为教师、学生、家长免费提供便捷沟通和个性化服务的信息平台。该系统是利用互联网、移动通信、语音合成、计算机电话集成、数据库技术，将公共交换电话网、互联网、移动通信网络紧密结合，为学校、家庭、社会提供有效、方便、及时的教育信息沟通交流平台。

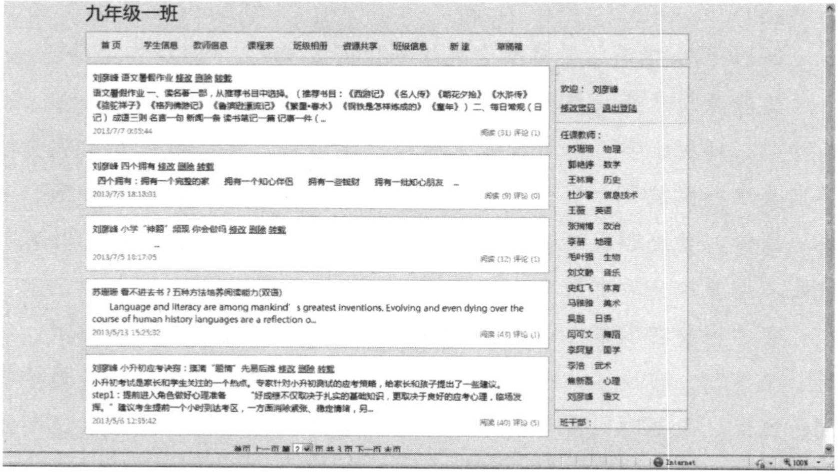

任县二中九年级一班家校汇

家校汇的功能。一是互动，教师、学生和家长可以通过家校汇进行双向交流；二是发布，教师通过家校汇向学生和家长传达正确的教育理

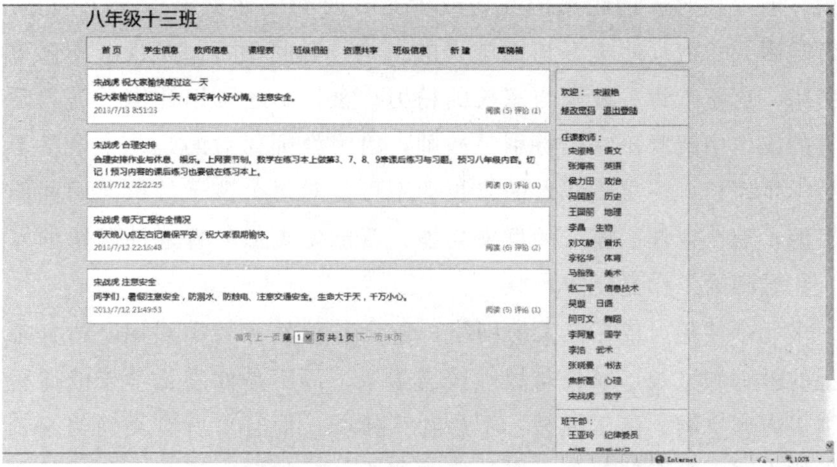

任县二中八年级十三班家校汇

念，发送学校教育信息以及学生综合素质评价等；三是服务，学生可以通过家校汇获取教育资源，家长可以接受家庭教育指导。

家校汇交流互动的内容。A. 学校的政策制度——公开学校的政策制度和发展方向，争取得到家长的理解与支持，并通过网络论坛的形式广纳家长对学校政策的意见与建议，学校要以积极的回应来提升家长参与的积极性。B. 学生的学习——教师通过网站的更新告知家长每个课程目标，发布学生自己的各种作品。让家长了解教师布置的家庭作业，为家长提供策略性的信息，比如如何有效地帮助学生完成作业、如何去搜索与课程相关的信息等，让家长参与到教学中来。C. 学生的思想动态——教师通过网站非公开地与家长交流，利用传“纸条”、留言等形式告知家长如何对学生进行开导与教育。

家校汇的特点。家校汇是信息技术背景下的产物，它融合了语音、互联网、移动通信等多种技术，为学校和家庭提供了多样化的信息沟通渠道。

高效便捷性。相对于一学期一次的家长会、几年一次的家访而言，家校汇提供了一种更高效的沟通平台，教师或家长通过电脑或手机就可以实现相互之间的联通，实现有针对性的家校沟通，大大减轻了教师与家长之间的人际负担，同时让沟通更频繁。尽管家校汇每月收取一定的费用，但是相对于远距离的互访或者是长时间电话交流所产生的费用，或者是因为一次远距离互访而耽误的工作、时间而言，家校汇不仅节约了费用，更是节约了教师与家长的精力。家校汇还可以让家长和教师从繁重的工作中解脱出来，特别是教师，因为教师面对的是几十个甚至几百个学生家长，一次或几次的家长会不可能对每个孩子的情况面面俱到地了解，那么家校汇庞大的群发功能，就能将类似的普遍性问题群发出去，让教师的工作更便捷。

多元个性化。依托庞大的网络，包含各种教育教学知识，适合各种类型的教师和家长，家长与教师按需索取，而不是如家长学校的课程一样不但内容空洞、流于说教，不易让人接受，而且对所有类别的家长讲同样的内容，没有针对性，家长获益很少。一学期一到两次的家长会由于人数众多、时间仓促等因素，教师往往只能就班级整体情况对家长作常规性的交代，对于每个学生的具体情况则会被忽略掉，针对性和实用性难免不强，那么利用家校汇开展点对点的个别交流，让家长或教师获得与自己息息相关的信息内容，沟通则会更有实效。

即时互动性。以往，教师们习惯将学生在校内的表现情况一并在家长会上一股脑儿地告诉家长，而家长们也会利用家长会这样难得的机会告诉老师孩子在家的具体表现。这样的“告知”缺少时效性，往往会失去教育的最佳时机。而家校汇的载体之一手机因为可以随身携带，随时随地地接收发送，以最快的速度相互交流学生的心理、思想以及行为上的动态，以便家长和教师把握最佳教育时机。相较于“告家长书”“家长联系单”等书面化的家校联系方式，家校汇更具有双向性。家长和教师可以通过这一平台交流彼此之间对教育问题的看法和愿望，进行及时的互动。

生动时代性。语音技术、互联网技术及通信技术的介入，让家校汇具有了更多的鲜活元素，文字、图片、音频、视频等各种形式的内容都能呈现出来，如教师通过家校汇将班级某次活动的画面（视频）发送给学生家长，充分调动家长对班级及自己孩子的感官认识。信息化、数字化、移动化是整个社会的趋势，教育的信息化、数字化是必然的趋势，那么家校合作作为教育的一个重要影响因素，也必然将体现这一时代特色。家校汇是信息化的产物，也是时代发展的必然产物。

连续可传递性。中国人含蓄，不善于直接面对面地交流，在发表自己的意见、建议时，更愿意借助第三方比较隐蔽的媒介来表达。正是由于这种"含蓄"让家校之间隔膜重重。家校汇的初衷就是要建立一个家校之间传递、交流和共享的平台，家校汇让更多的教师、家长有了话语权，直接将自己对学生、学校的教育教学意见通过这个平台表达出来，并能够获得及时的反馈。在时间上，许多学校的家校沟通往往只是围绕几个固定时段进行，如学期初、期中、期末等，其他时间则很少开展，随意性、盲目性强，缺乏沟通的连续性和计划性。由于家校汇具有空间和时间上的优势，可以将家校沟通贯穿于整个学期，保持了家校合作内容上的一贯性和时间上的连续性。

家校汇这种"点对点"的沟通方式可以让家庭与学校之间的沟通更全面化、个性化，但它不能完全替代传统家校合作的方式。而且在任县农村，电脑网络的普及率还不能与城市相比，即使有电脑的家庭，家长对于信息化技术应用也不是很熟练，只能将家校汇与传统方式密切结合，让传统联系方式成为家校合作方式的一种补充。

（2）家访

教师上门家访，教师、家长、学生共处一室，促膝谈心，拉近彼此心理距离，共同商量解决问题的办法，有利于在学校教育和家庭教育间形成合力。实践证明，家访是沟通三者心灵最直接的桥梁。①

变"请进来"为"走出去"。以前学生犯了错误，教师就打个电话把家长"传"到学校，气全撒到大人身上，家长把火气带回家中又撒在学生身上，学生根本没有得到积极正面的教育。家长很反感这种做法，学生也会害怕请家长进学校，学校与家长、学生之间的矛盾越来越激化。针对这种情况，任县将请家长进学校变为教师主动定期到学生家里家访，和家长联系。大家在平和平等的氛围下探讨，教育产生了正面效果。

变"被动"为"主动"。教师主动家访能让家长主动配合学校做好工作，达到事半功倍的效果。任县规定新班主任要积极、认真地了解学生

---

① 杨军．义务教育高位均衡发展实证研究［M］．北京：光明日报出版社，2011：10

达二新星小学教师家访照片

任县二中教师家访照片

的家庭情况、亲友情况等，进行普访尽快掌握学生情况。对于出现突发事件、异常波动的学生要及时家访，第一时间了解出现问题的原因，抓住最佳的教育时机。家访是要向家长客观通报学生在校学习生活的情况，同时准确了解学生在家表现，既不能夸大其词，也不能一味抱怨。在针对不同对象给予家教建议的同时，还要虚心听取家长对学校和班级工作的意见，共同商讨教育对策，并将家访情况及时、认真、翔实地填写在"家访记录本"上，教育局将定期、不定期地检查教师的家访情况。

变"谈话式"为"参与式"。单一的学校教育并不能取得很好的教育效果。因此，任县积极加强与家长交流，除了与教师交谈外，还鼓励家长参与到学校管理和建设中来，请家长参加学校组织的主题班会，组织家长参加学校教育教学开放日活动，请家长们评头品足，给学校提办学意见和建议。

(3) 家长开放日

在家长开放日，向家长发出邀请函，把家长请进学校，请进课堂，让家长深入了解孩子在学校的表现情况。安排别出心裁的亲子活动或游戏，以及邀请知名专家学者为家长进行家庭教育知识讲座，同时向家长发放活动反馈表，欢迎家长们对学校提出宝贵意见和建议。通过家长开放日活动，让家长真正走进学校的一日生活，促使家长们在以后的工作中更加主动地配合学校和教师，共同完成对学生的教育和培养，促进学生全面发展。

走进课堂。邀请家长自由到教室听课，让家长们身临其境地感受学校教改的氛围，感受利用多媒体辅助教学的生动有趣，感受较适合学生无拘无束侃侃而谈的宽容和谐的教学氛围，了解孩子在课堂中充满天真童趣的言行表现。

家长走进课堂听课

活动展示。邀请家长前来观摩学生们活泼欢快的大课间活动，操场上既有个性的活动展示，也有群体的太极操练表演。家长们还可以参观丰富多彩的校园系列特长活动，如引人入胜的歌舞表演、精彩的书法绘画、栩栩如生的科技作品等。节日时家长还可以与孩子共同参与活动体验教育，增强亲子感情。

（4）家长委员会

学校组织关心热爱教育事业、具有一定组织能力和号召力的家长参与进来成立家长委员会，健全组织机构，提供办公场地，定期组织活动。每学期召开两次会议，充分发挥家长委员会对学校的管理和监督作用。

北街小学组织召开家长委员会会议

达二新星小学组织召开家长委员会会议

大屯中心小学组织召开家长委员会会议

(5) 校长接待日

在校长接待日，学校对外公布接待的时间、地点，校长专门接待家长和社会群众的来访，听取家长提出的意见和建议，及时解答家长提出的疑问。通过校长接待日进一步提高学校、家庭和社会的联系，形成全社会关心、支持教育的良好工作局面，为打造精品学校奠定坚实的群众基础。

校长接待家长来访

6. 推进素质教育快乐学习

内涵式发展的落脚点是学生，是通过发展带来学生身心的变化，促进学生的全面发展。在学校内涵发展的素质教育过程中，无论是学校管理者还是教师，都应该更多地走进学生心理世界，理解学生文化特征，体验学生生存状态，把握学生生活方式，使课堂更能激发学生的创造热情和主观能动性，使课程更能贴近学生的实际需求，使德育更有针对性和实效性，使师生交往与对话更进一步深入。“快乐教学”已逐渐成为广大教师在教学过程中认知并运用得最多的教学指导理论①。那什么是快乐？教育心理学认为快乐是一种心理体验，是人类情绪中的重要正情绪，需要的满足是激起快乐体验的源泉。苏霍姆林斯基说：“你任何时候都不要急于给学生打不及格的分数。”从系统的角度出发，快乐教育应包括得到人体发展体验的快乐，得到成功、兴趣体验的快乐，以及得到尊重和依赖体验等的快乐。②

（1）平等、愉悦、和谐的课堂氛围

美国心理学家罗杰斯说：“成功的教学依赖于一种真诚的尊重和信任的事实关系，依赖于一种和谐安全的课堂气氛。”教学是一个涉及教师和学生在理性与情感两方面的动态的人际交流过程。师生关系在教学活动与教学效果之间起着一种潜在的“中介”作用。

调查表明：“学生不喜欢学校的第一位因素不是课程的压力，而是师生关系，学生需要老师的信任、公平、鼓励和表扬。”因为任何一个教学目标只有通过师生之间良好的人际沟通这个潜在的和谐环节才能得以实现。没有和谐、融洽的师生关系，就不能有真正意义上的教学活动。所以，教师在教学活动中一定要扮演好教学活动的组织者、指导者和参与者的角色。在教学过程中，教师应常用商量的口气与学生交谈，如“谁想说说……”“请你说说……”“谁愿意说说……”等。课后，也可以常常和同学们一起交流、探讨或进行其他活动等。由此建立起来的师生关系更加平等，更加融洽。另外，教师还关怀、尊重、信任、理解和热爱每一个学生，和学生全心全意地交朋友，使这种新型的民主师生关系成为一种友好的合作关系，形成一种师生间的思想交流、情感沟通、人格碰撞的良好互动关系。在和谐平等的氛围中，学生才能调动其学习的积

---

① 陆汝根．学校内涵发展的四个核心要素［J］．教书育人：校长参考，2010（12）：55—56

② 蔡杰．关于素质教育与快乐体育教学模式的研究［J］．体育教学，1999（32）：2

极性，使课堂教学的效率和效果得以提高。

活泼快乐的课堂

（2）生动有趣的教学情境

赞可夫说："教学法一旦触及学生的情感、意志领域，触及学生的精神需要，就能发挥高度有效的作用。"建构主义认为，学生的认知来源于生活，只有对知识产生兴趣，才能产生好的学习效果。因为兴趣是动机中最现实、最活跃的成分，可以为人的活动提供动力。当兴趣处于中度激活的状态时，学生会倾向于想要吸收信息和拓展自己，维持和支持认知加工过程；当兴趣组织的加工取得一定成果时，会产生快乐的体验，兴趣和快乐相互补充会进一步提高学生学习的积极性。

任县中小学教师利用先进的多媒体设备，在课堂上创设生动有趣的问题情境，启迪学生积极、主动地思考，引发学生的兴趣和疑问，激发学生的学习兴趣和求知欲望，使其全身心地投入学习活动中。调研中教师们普遍反映，这种教学方法极大地提高了学生的学习兴趣，集中了学生的注意力，提高了课堂效率。如在教学"分数的基本性质"时，有教师创设了一个"猴王分饼"的故事情境——猴山上的猴子最喜欢吃猴王做的饼。有一天，猴王做了三块大小一样的饼分给小猴们吃，它先把第一块饼平均切成四块，分给猴甲一块。猴乙见到说："太少了，我要两块。"猴王就把第二块饼平均切成八块，分给猴乙两块。猴丙更贪，它抢着说："我要三块，我要三块。"于是，猴王又把第三块饼平均切成十二块，分给猴丙三块。引出数学问题：同学们，你知道哪只猴子分得多吗？一上课，先听一段故事，学生非常乐意，并会立即被吸引。思考故事当中提出的问题，学生自然兴趣浓厚。通过故事设疑，激起了学生探求新知的欲望。教学方式创设的精神与教学内容所描述的情景相辅相成、相得益彰，使学生感到学习的乐趣。

（3）丰富多彩的课堂活动

认识的愉悦性是自己去体验和感受知识，愿意学、主动学才是学生发展的先决条件。新课标提出了教学是活动的教学，强调学生在生活中学习。所以，教学应跳出"书本—教室"这个小圈子，让学生从自己的生活中，从社会生产实践中寻找问题，使学生从封闭的教室走向开放的社会大课堂，组织丰富多彩的活动，让学生通过自由活动，亲身体验如何学习，拓宽视野。应用心理学的"目标理论"，将过去对学生的一维评价方式改为二维评价方式，即鼓励学生努力学习的评价，增加和扩展了学生获得成功的可能性，使全体学生都体验到了快乐。

如在教学"分数的基本性质"时，开始是根据"猴王分饼"的故事引发出几个分数让学生猜想哪些分数的大小相等。于是学生就七嘴八舌地讨论开了，接着再请学生说说那些分数的大小为什么相等。然后让学生通过"模拟分饼"折纸的小组活动验证自己的结论，最后引导学生观察这些分数的分子、分母之间发生了什么变化，是怎么变化的。小组观察、讨论并发现规律，总结出分数的基本性质，再让学生说出猴王的想法，并回答：如果小猴子要四块，猴王怎么办？这样既能前后照应，又能让学生在帮猴王想办法的过程中，运用新知解决实际问题，在一系列的实践活动中让学生感悟数学变与不变思想，感受和体验生活中处处有数学、时时可学习的道理。

（4）学生自主探索、合作交流

学生在数学课堂中所表现出来的情感受到班内同学的影响，同学之间的交往和对话是多元的。新课标明确提出："动手实践、自主探索、合作交流将是学生学习数学的重要方式。”在学习的过程中，学生通过与同伴一起观察、实验、猜测、验证、推理和交流等数学活动，可经历认知历程和情感相互感染历程。因此，要让学生获得与同伴合作解决问题的体验，分享成功的快乐和喜悦。

如教学“分数的基本性质”一课时，教师将学生分成若干学习小组“模拟分饼”，先独立思考，有了自己的想法后，再分工合作，动手操作学具圆形纸片。让学生在画画、剪剪、涂涂、比比等过程中合作学习，经历知识形成的过程，有利于教学的多边互动，使每一位学生获得成功的体验，感受探究的乐趣。

（5）多媒体辅助教学

以计算机和网络为核心的现代技术的不断发展使我们的教育也步入信息时代。教育由一支粉笔、一块黑板的课堂教学走向屏幕教学、白板教学，由讲授型教学向创新型教学发展。在中小学教学中，适时恰当地选用多媒体来辅助教学，以形象具体的“图、文、声、像”来创造教学的文体化情景，使抽象的教学内容具体化、清晰化，给课堂增添了无穷的魅力，激发学生的学习兴趣，使学生保持旺盛的求知欲。这不仅可以有效地避免厌学情绪、减轻学生过重的学习负担，并且有助于学生发挥学习的主动性，积极思考，真正地体现以学生为主体的教学理念，从而提高教学质量，优化教学过程，增强教学效果。

教师利用多媒体上课

如在讲解“圆的面积”时，为了让学生更好地理解和掌握圆面积计算的方法这一重点，可以先在电脑上画好一个圆，接着把这个圆分割成相等的两部分共16份，然后通过动画把这两部分交错拼好，这样就可以拼成一个近似的长方形。反复演示几遍，让学生自己感觉并最后体会到这个近似的长方形的面积与原来的圆的面积是完全相等的。再问学生：还发现了什么？这个近似的长方形的长、宽与圆的什么有关？从而导出圆的面积公式。这样，就可使这一课的重点和难点轻易地突破了，大大提高了教学效率，培养了学生的空间想象能力。

（6）教师榜样的情感熏陶

学为人师，行为世范。皮亚杰认为，好的“构造”可以使学生在良好的环境和气氛中，依靠对教师的认识、模仿和领悟，并在老师的熏陶下达到一个新境界。在对学生进行心理品质的培育时，教师自身的心理品质和严谨的教风显得尤为重要，表现为良好的情感调控能力和富有自制力，注意情感的传递效应。教师的讲评、板书、批改和教育中所显露出来的品质对于学生是一种感化，是一种榜样的力量。现代教育要求教师要更多地掌握和运用教育心理学的理论知识，尊重学生在教学课堂学习过程中体验情感方面的差异，从而使教师不仅能够传授知识，而且能够促进学生健康情感的形成。

除了快乐学习的课堂外，任县中小学还积极组织多种多样的课外活动，促进学生的全面发展。如坚持德育为先，以“忠孝立县、生态造城”理念为指导，在全县学校广泛开展“三讲”活动，“文明美德伴我成长”主题读书教育活动，“学雷锋活动月”道德实践活动，“建设幸福中国”主题读书教育、征文、演讲等德育主题活动，培育出一批批品质卓越的学子，催生出一朵朵璀璨的文明之花；注重文艺、体育教育，让素质教育落地生根，通过各项活动给学生搭建起张扬个性、施展特长、强身健体的舞台。

相关链接

软件：在内涵上下功夫

短短两年多时间，甄庄小学、达二新星学校、穆口小学等一批完全具备城市化标准的项目学校相继投入使用，成为任县教育一道亮丽的风景线。面对这喜人的变化，当地教育局领导一班人异常清醒。他们认为，硬件建设仅是全县教育改革的第一步，实施“农村教育城市化战略”的关键是要走内涵式发展之路。为此，他们把打造人性化、生态型、花园式魅力校园，给农村孩子提供城市化的学习环境和氛围作为工作重心。

在当地教育局领导的办公室里，摆满了各学校的规划图。记者随手拿起一张《西固城乡中心小学鸟瞰效果图》看了起来：教学楼、实验楼、餐厅、运动场，设计精巧美观，布局合理。“我们明确了全县教育发展的总体思路，要求各学校提前搞好校园建设规划，县教育局集中财力、物力每年搞几所，分年度、按计划逐步实施，争取在较短的时间内，全县所有农村中小学都达到城市学校的办学标准。”当地教育局领导解释道，言语中充满了自信。

甄庄小学校园内，2 块 200 平方米大小的绿地郁郁葱葱，2 座白色的小羊雕塑惟妙惟肖、情趣盎然。楼道、楼梯擦得能照见人影，偌大的校园内看不到一片纸屑。“我们把学校分为若干卫生区，全部下放给各个班级，着力培养学生自我教育、自我管理的能力。运行一年来，效果还不错。”邢校长说，“家长反映孩子比过去懂事了，生活自理能力提高了。”

记者采访的第二站是邢湾镇穆口小学。这里没有高大气派的教学楼，也没有漂亮的塑胶操场，有的是一座经年的二层教学楼，普通的水泥路面和操场。好像是看出了记者的疑虑，陪同采访的教育局办公室尹主任赶紧“发言”：“这所学校近两年在管理上下功夫，以班级管理特色闻名全县。”“红花班”“小草班”“书香班”“聪明屋”，每个班级都有自己响亮的名字。记者在一年级一班看到，教室的四面墙壁全被利用了起来。“愿望袋”“一句话日记”“四季诗”“星语星愿”“红花榜”“图书角”，各具特色的主题园地将学生的学习、品德、劳动、行为习惯等方面都涵盖进去，激发了学生的学习兴趣，促进了孩子健康成长。“我是到唐山看人家的精细化管理后，回来搞的这些。孩子们很喜欢。”班主任刘老师介绍说。

由于狠抓管理，在最近一次全县 7 所名校联考中，地处农村的穆口小学取得了第 2 名的好成绩。“去年以来，已有 40 多名转往外地读书的孩子又回到学校。我们准备再建一栋教学楼，以满足群众的入学需求。”宋校长说。

尹主任说，硬件上去后，县教育局把创建特色学校作为提升学校整体办学水平的重要抓手，要求各中小学要依据各自特点，选准突破口，争取做到“校校有特色”，形成生动活泼的素质教育场景。同时，全县中小学累计投资 90 余万元，设置了文化长廊、文化墙和文化橱窗，构建了以“办学思想教育系列”“养成教育系列”“科技教育系列”“成功教育系列”等为主题的六大文化系列活动，营造了浓厚的校园文化氛围。各学校还制定了体现本校精神风貌和办学特色的校徽、校歌，学校日常管理也进一步健全和完善。如今，一校一特色的格局已初步形成。

在争创特色校的同时，县教育局提出并开展了“建设‘四化’（净化、绿化、硬化、美化）校园”活动。2007 年以来的两年时间里，全县学校新增绿地面积 3.3 万平方米，硬化面积 5 万平方米，植树 7620 株。昔日“尘土满天飞，纸片满地走”的现象彻底绝迹，取而代之的是一所所三季有花、四季常绿的花园式校园。

节选自《让农村孩子享受一流的教育——任县“农村教育城市化战略”探秘》

七、结束语　优质教育　引领未来

未来教育是从明天开始的、着眼于中长期战略性发展的、以满足个性化教育需求为主并能满足未来社会对人才需求的一种教育过程和教育形态。① 任县城乡一体化教育经过多年的艰辛探索，在坚持实施农村教育城市化发展战略引领下，促进城乡义务教育均衡发展和各类教育协调发展，以教学改革为突破口，促进学校内涵式发展，强力打造精品学校，全面提高教育教学质量，迎来了今朝丰硕成果。

任县通过建设基教园区和办学条件标准等工程，大力推进义务教育均衡发展。在追求教育均衡化和同质化的过程中，为了使薄弱学校和优质学校都能得到长足发展，任县在科研的引领下准确把握外部环境变化，及时转变教育发展方式，促进教育内涵式发展到特色发展，追求学校的办学特色和办学品质，最终达到优质教育的目标。优质教育，对学校的教育质量提出了更高的要求，它促使学校管理者和教师在完成既定教育任务的过程中，根据学校发展的实际和自身具备的优势，打造自己的风格和特色。

优质教育，是一种创新的教育发展观。一个孩子的教育，牵动的是一家数代人的心；而一代人的教育，则会牵动整个社会的心。享受优质教育，是每个人获得发展的基本保障，更是一个大家关注的焦点问题，蕴含着人民群众一个最基本的诉求。有了优质教育，社会弱势群体子女才不会输在起跑线上，才有可能与社会其他阶层子女享受同样优质的教

---

① 教育综合改革实验丛书编委会．追求卓越　对话世界：深圳南山教育综合改革实验模式．北京：教育科学出版社，2012：12

育，无论是农村还是城市的社会各阶层才能正常流动和分化，全社会才能充满活力、安定有序。

优质教育，评价标准不是一个单项指标，应该是多维评价指标，不仅有数量发展水平指标，还要有质量标准。从内涵上看，优质教育应当拥有最先进的理念、最完备的制度、最优质的教师和最丰富的资源。优质教育，是以人为本的教育，是满足学习者的学习需要、体现公平价值取向和高质量的教育。

任县的城乡教育一体化实践和农村教育城市化发展战略都是为了追求优质教育，任县经验的总结就是为了鲜活地反映出城乡教育一体化如何助力优质教育，并且影响、辐射其他地区。其研究的目的也不仅仅是一次地区的实践总结和理论凝练，更是对我国教育改革发展趋势的思考，尤其是在城市化背景下对农村地区教育改革的思索，更是为了能在全国普遍实现优质教育。

后　记

本书是在河北省任县教育局与北京师范大学教育学部合作项目“河北省任县基础教育有效发展模式研究”成果的基础上完成的。

项目组由任县教育局行政管理干部、中小学校长和北师大教育学部教师、研究生共同组成。北京师范大学教育学部成刚副教授任组长，任县教育局各科室同志和北京师范大学教育学部部分硕士研究生是项目组的重要成员，感谢李飚、孙宏业等同学的支持，刘姣在第一章，王超在第二、三章，呼丽娟在第四、五、六章承担了大量的工作，出色地完成了课题任务。

囿于水平和时间的仓促，书中难免存在不足与错误，敬请读者批评指正！

成刚

2014 年 12 月 4 日

图书在版编目(CIP)数据

任县经验——城乡教育一体化的探索/成刚,《河北省任县基础教育有效发展模式》课题组著. —北京:北京师范大学出版社,2015.2 (2015.5重印)

(中国教育现场丛书)

ISBN 978-7-303-18299-2

Ⅰ.①任… Ⅱ.①成…②河… Ⅲ.①地方教育—城乡一体化—研究—任县 Ⅳ.①G527.224

中国版本图书馆CIP数据核字(2014)第284205号

营销中心电话 010-58802181 58805532
北师大出版社高等教育分社网 http://gaojiao.bnup.com
电子信箱 gaojiao@bnupg.com

RENXIAN JINGYAN

出版发行:北京师范大学出版社 www.bnup.com
北京新街口外大街19号
邮政编码:100875

印 刷:北京易丰印捷科技股份有限公司
经 销:全国新华书店
开 本:170 mm×240 mm
印 张:10.25
字 数:160千字
版 次:2015年2月第1版
印 次:2015年5月第2次印刷
定 价:35.00元

策划编辑:陈红艳 责任编辑:陈红艳
美术编辑:王齐云 装帧设计:王齐云
责任校对:李 菡 责任印制:马 洁